마케링
차별화의
법   칙

마케팅
차별화의
법 칙

마케팅 차별화의 법칙

Marketing

마케팅 어벤저스
신상훈, 강혁진, 김대선, 서정우 지음

천그루숲

'마케팅' 하면 항상 떠오르는 기억이 있다. 대학에 들어가 첫 〈마케팅〉 수업시간에 들은 교수님의 말씀이다.

"마케팅이란 분야가 단적으로 학문이라고 말하긴 어려운 부분이 있습니다. 정형화된 이론이 있는 것도 아니고 특별한 원리나 원칙이 있는 것도 아닙니다. 어제 맞았던 이론이 오늘은 틀리고, 오늘은 말도 안 된다고 했던 행동이 내일은 탁월한 이론이 되는 경우도 많습니다. 마케팅을 공부한다는 것은 인사이트 축적을 위한 틀을 잡아 성공의 가능성을 높이고 실패할 가능성을 낮추기 위한 과정이지 특별한 이론이나 거대한 발견을 하는 학문이 아닙니다. 하지만 마케팅이라는 분야를 철저하게 아우르는 가장 중요한 하나의 법칙을 뽑는다면 그것은 바로 '차별화'입니다. 차별화에 실패하면 마케팅은 실패할 확률이 대단히 높고 차별화에 성공하면 마케팅에 성공할 확률도 대단히 높습니다. 따라서 마케팅을 한다는 것은 차별화를 기획하고 구현하는 일련의 과정이라 해도 과언이 아닙니다. 이제부터 여러분들은 마케팅을 공부하면서 어떻게 차별화를 할 것인가에 대한 여러 가지 사례와 해석을 접하게 될 것이고, 그것이 마케팅 수업의 처음이자 끝이 될 것입니다."

학교를 졸업하고 현업에서 일을 하며 교수님의 말씀을 더욱 처절하게 느낄 수 있었다. 엄청난 비용을 들여 마케팅을 하는 것은 결국 차별화에 성공하기 위한 과정이었다. 이 과정에서 숱한 실패와 좌절을 겪고 드문드문 작은 성공의 기쁨에 도취되면서 마케팅 업무를 수행했다. 그러면서 '차별화'라는 세 글자가 주는 무게감은 산처럼 무겁게 다가왔다.

마케팅을 업으로 삼거나 마케터를 꿈꾸는 지망생에게 '차별화'는 언제나 가장 중요한 화두이다. 엄청나게 비싼 비용을 치르지만 효과는 제각각이고, 정답 또한 없다. 그래서 도대체 '차별화'라는 것이 무엇이고, 어떻게 해야 그나마 효과적인 결과를 가져올 수 있을지 나름 고민의 시간을 가지게 되었다. 소비자들은 왜 구매를 하는지, 그동안의 성공적인 차별화들은 어떤 패턴을 보여 왔는지, 성공한 차별화는 어떤 특징이 있는지를 오랜 시간 수집하고 분석하고 재구성해 보았다. 이 책에서는 그에 대한 결과물을 크게 세 파트로 정리해 보았다.

파트 1에서는 차별화의 중요성과 더불어 소비자의 구매행위를 유발하는 심리에 대해 이야기한다. 차별화는 무엇이고 왜 필요한지를 아는 것이 차별화 구축의 시작이다. 그리고 모든 사람들이 가지고 있는 세 가지 심리(공포, 탐욕, 호기심)가 어떻게 구매를 유발하는지 살펴

본다.

파트 2에서는 소비자의 구매행위를 유발하는 심리에 기반한 차별화의 다섯 가지 핵심속성, 즉 5 CORE(경제성, 기능성, 편의성, 신뢰성, 기호성) 각각의 특성과 차별화를 이루어 내는 방법에 대해 이야기한다.

파트 3에서는 실질적인 차별화라고 할 수 있는 브랜드 컨셉과 퍼포먼스 구현과의 관계, 즉 Concept과 Performance의 밸런스에 대해 설명한다. 아무리 멋진 차별화 요소를 가지고 있더라도 고객에게 전달하는 컨셉, 그리고 차별화를 느끼게 해주는 퍼포먼스가 명확하지 않다면 차별화는 완성될 수 없다.

실질적인 이 책의 주제는 차별화의 속성인 5 CORE와 실질적인 차별화인 CP^{Concept & Performance} Balance에 대한 설명이다. 그동안 어느 책이나 방송·강의에서도 볼 수 없었던 시각으로 차별화를 정의하고 정리해 보았다. 무조건적이고 무차별적인 '차별화를 위한 차별화'가 아닌, 목표와 전략을 명확히 하여 마케팅활동의 효과를 얻을 수 있는 실무 중심의 차별화 지침서가 되기를 희망한다.

이 책이 현업에서 차별화에 대해 치열하게 고민하는 마케터와 관리자들에게 도움이 되었으면 한다. 나아가 마케터를 희망하는 학생들과 마케팅 이외 부서에서 근무하는 직장인에게 차별화란 무엇이고 차별화는 왜 필요한지 조금이나마 인사이트를 줄 수 있기를 희망한다. 그동안 다양한 마케팅 서적과 이론을 접하면서 한편으로 불명확함이나 답답함을 느꼈던 마케터라면 이 책을 통해 조금이나마 새로운 시각을 접할 수 있기를 바란다.

물론 마케팅에도 차별화에도 정답은 없다. 시대를 아우르는 이론도 없다. 따라서 이 책에서 말하는 내용 또한 정답은 아닐 수 있다. 다만 여러 가지 다양한 시각과 주장의 하나라고 생각하고 폭넓은 시각과 인사이트 형성에 조금이나마 도움이 된다면 이 책의 역할은 충분하다고 생각한다. 누군가가 마케팅을 진행하면서 난관에 봉착했을 때 이 책을 뒤적여 보고 새로운 시도를 할 수 있는 영감을 줄 수 있다면 이 책은 충분한 역할을 한 것이라고 생각한다.

6년 동안의 〈마케팅 어벤저스〉 팟캐스트 방송을 지지해 주고 책을 쓸 수 있도록 응원과 배려를 아끼지 않은 우리 가족들이 있었기에 이 책이 나올 수 있었다. 문은비, 서그린, 김주희, 배수현 그리고 신민혁, 강이서, 김리아, 서예담, 서해온에게 이 책을 바친다.

마케팅 어벤저스

신상훈, 강혁진, 김대선, 서정우

차 례

PART 3   **CP Balance가 진짜 경쟁력이다**

에필로그 ——— 마케팅 어벤저스가 생각하는 마케터의 자세

마케터의 자세

살아 남아야 한다. 수없이 쏟아지는 제품과 브랜드 사이에서 내 제품과 브랜드를 알리고 팔고 키우고 살려야 한다. 그것이 마케터의 숙명이자 목표이다. 그런데 과연 어디서부터 시작해야 하는 걸까?

* * *

2014년 어느 봄날, 크고 작은 회사에서 마케팅 일을 하는 남자 넷이 모였다. 그냥 회사를 다니기에도 바쁜 일상이었지만 활력소를 얻고 싶었다. 때마침 팟캐스트 전용 스튜디오를 오픈했던 〈미디어자몽〉 김건우 대표가 '팟캐스트를 해보면 어떻겠냐'고 제안을 했다. 그렇게 대학 동기와 회사 동기로 알고 지내던 식품회사 마케터, 카드회사 마케터, 브랜드 마케터가 머리를 맞대었다. 어떤 주제로 이야기를 할까 고민을 하다 결국 우리가 가장 관심을 가지고 재미있어 하는 이야기를 하기로 했다.

생각해 보니 마케터들은 술자리에서도 마케팅에 대한 이야기만 한다. '이 회사의 광고가 잘 나왔다' '저 회사의 이번 신제품이 매력적이다' '이 회사의 이번 프로모션, 정말 대박이다' 등 뭐가 그리 재미가 있는지 하루 종일 일을 하고 와서도 또 마케팅 이야기를 해댄다. 그런데 재미있게도 술자리에서 의외로 꽤 쓸만한 아이디어들이 나왔다. 인사이트가 깊은 진지한 이야기가 나오기도 했다. 그 이야기들이 술자리에서만 회자되고 사라져 버리는 게 아까웠다.

'그래 이거다. 이 이야기들을 아깝게 흘려 보내지 말고 방송으로 만들어 보자.'

그렇게 시작된 것이 마케팅 전문 팟캐스트 〈마케팅 어벤저스〉이다. 마케팅 업계의 어벤저스가 되어 보자는 의지가 절반, 우리 정도면 어벤저스라고 해도 되지 않겠냐는 건방이 절반 정도 합쳐져 만들어진 이름이었다. 멤버들 4명의 닉네임도 어벤저스를 패러디해 토토르, 아니언맨, 캡틴아머라카노, 크크라고 지었다.

5년 넘게 팟캐스트를 진행하며 다양한 업계의 마케팅 이야기를 다뤘다. 모두에게 친숙한 라면을 주제로 한 방송을 시작으로 제조, 유통, 패션, 스타트업 등 다양한 분야에 대해 방송을 진행했다. 우리끼리 다루기 어려운 주제는 해당 업계의 게스트를 직접 초대해 이야기를 듣기도 했다. 그렇게 대본도 없이 시작한 방송이 이제는 회마다 1만 명이 넘는 사람들이 들어주는 팟캐스트가 되었고 지금은 누적 150만 조회 수를 기록하는 방송이 되었다.

방송을 하며 목표가 하나 생겼다. 우리 방송에서 다루어지는 좋은 이야기들을 책으로 옮겨보고 싶었다. 단순히 누구나 아는 다양한 사례를 모아놓은 책이 아닌 '마케팅 어벤저스'만의 관점을 책에 기록하고 싶었다. 멤버들이 가진 다양한 경험과 통찰 중에서도 토토르가 오랜 기간 동안 고민해서 만든 5가지 차별화의 기본요소인 '5 CORE'와 'CP 밸런스'를 사람들에게 전해주고 싶었다. 같은 멤버가 고안한 방법론이어서가 아니라 차별화의 5가지 요소들에 대한 이야기는 몇 년을 함께 다양한 사례에 대입해 검증하는 과정을 거치면서 '좋은 관점'이라는 확신이 들었다. 많은 사람들이 자신의 브랜드와 상품을 차별화하고 싶어 하지만 방법을 모른다. 차별화라는 것이 무엇인지, 차별화를 왜 해야 하는지 그리고 그 차별화라는 것을 어디서부터 어떻게 시작해야 할지 모르는 것이다.

* * *

'차별화'

조금은 진부한 단어가 되어 버린 듯하다. 너무 많은 사람들이 차별화를 외치고 있어 오히려 차별화의 중요성이 퇴색되어 버린 것 같은 요즘이다. 그래서인지 마케터들도 진정한 차별화가 무엇이고, 차별화가 왜 필요하고, 어떻게 차별화할 수 있는지 진지하게 고민하지 않는다. 차별화를 위한 차별화만 판을 치는 상황이다. 그러다 보니 소비자는 진정으로 차별화된 제품과 브랜드만 아주 자연스럽게 선택한다. 소비자의 선택은 냉정하다. 차별화되지 않은 브랜드에게 그 선택의 결과는 냉정하다 못해 참담하게 느껴질 것이다. 이제는 진짜 차별화가 필요한 시점이다.

이 책이 사람들로 하여금 마케팅 차별화를 만들어 낼 기본적인 관점과 체력을 갖추는데 도움이 되었으면 한다. 차별화는 기본적으로 사람들의 마음속에 잠재되어 있는 본능적인 감정 그리고 반응과 직결되어 있다. 호기심, 탐욕, 공포라는 감정들이 얽히고설켜 내 마음속에서 구매의 이유를 만들어 낸다. 그리고 제품이나 브랜드가 가진 5가지 요소인 5 CORE(경제성, 기호성, 편의성, 신뢰성, 기능성)가 복합적으로 어우러졌을 때 차별화의 토대가 마련된다. 또 5 CORE에 기반한 명확한 컨셉Concept과 소비자가 느끼는 혜택Performance이 균형을 이룰 때 비로소 차별화가 완성된다.

우리나라의 수많은 스타트업 중에서 단연 눈에 띄는 회사가 있다. 간편송금 앱 토스이다. 토스는 변화와 새로운 시도가 일어나기 힘든 금융이라는 보수적인 산업에서 송금서비스를 시작해 2,000만 명 이상의 가입자를 모으고 16조원의 기업가치를 일구어냈다(2021년 12월 기준). 토스가 성공할 수 있던 차별화 요소는 단연 '편의성'이라고 할 수 있다. 기존에는 은행 계좌를 통해 돈을 이체하려면 복잡한 절차들을 거쳐야 했다. 상대방의 계좌번호를 알아야 하고, 공인인증서를 통해 로그인하고 여러 번 비밀번호를 눌러야 했다. 하지만 토스는 상대방의 계좌번호를 몰라도, 공인인증서가 없어도 송금이 가능했다. 사람들의 마음속에 내재되어 있던 간편한 송금에 대한 욕구(탐욕)를 만족시킬 준비가 되어 있었다. 토스는 불편했던 계좌 송금의 경험을 자신들이 제공하는 서비스를 통해 단 몇 번의 터치만으로 해결해 준다는 '편의성'을 내세웠다Concept. 그리고 단순히 컨셉만이 아닌 서비스를 통해 손쉬운 송금을 경험한 순간^{Performance} 소비자들의 마음속에서 토스는 완벽하게 차별화를 구현할 수 있었다. 소비자들 마음속에 있는 탐욕의 심리(더 편한 서비스를 원해!)에 기반해 기존의 금융서비스들이 가지지 못한 편의성(빠르고 간편한 송금)을 컨셉으로 내세웠고 컨셉과 부합하는 제대로 된 서비스를 이뤄내 시간의 절약이라는 혜택(퍼포먼스)을 소비자들에게 제공했다.

토스뿐만 아니라 우리들이 일상적으로 사용하고 있는 다양한 제품과 브랜드들은 이 책에서 이야기하는 마케팅 차별화의 법칙을 일정 부분 지키고 있다. 이제 더 이상 토스를, 그리고 지금 이 순간 당신의 머릿속에 떠오른 바로 그 차별화에 성공한 브랜드를 부러워만 하고 있을 수는 없다. 이제는 당신의 브랜드를 차별화할 시간이다. 바로 책장을 넘겨보자. 그리고 이전에는 미처 발견하지 못했던 마케팅 차별화의 법칙들을 우리와 함께 하나씩 찾아나서 보자.

PART 1

마케팅,
차별화에
답이 있다

1장

왜
차별화해야
하는가

01

차별화란
무엇인가?

차별화를 사전에서는 '둘 이상의 대상을 각각 등급이나 수준 따위의 차이를 두어 구별된 상태가 되게 함'이라고 정의하고 있다. 즉, 1) 두 개 이상의 대상이 존재해야 하고 2) 대상들이 등급이나 수준의 차이가 있어야 하며 3) 성질이나 종류에 따른 차이가 있도록 만들어야 '차별화'라는 의미에 부합한다는 것을 알 수 있다. 그럼, 이를 좀 더 풀어서 살펴보자.

식별, 구별, 차별

사람이 무엇인가를 인지하는 개념은 식별과 구별, 차별의 세 가지로 구분할 수 있다. '식별'은 배고픈 사람이 어떤 사물을 보았을 때 먹을 수 있는 것과 먹을 수 없는 것을 알아차리는 것이다. '구별'

은 식별을 통해 확인한 먹을 것이 빵인지 밥인지를 구분하는 것이다. 같은 '먹을 것'이라는 카테고리 안에서 어떤 종류의 먹을 것인지를 확인하는 것이다. '차별'은 식별과 구별의 단계를 거쳐 확인한 쌀이 '임금님표 이천 쌀'인지 '안성마춤 쌀'인지 아는 것이다. 같은 품종의 쌀이지만 구매자의 기호나 성향에 따라 선택을 결정하게 만드는 요소인 것이다.

신발을 구매하는 사람이 나이키와 아디다스 중에서 어떤 브랜드를 선택하는지 혹은 스마트폰을 구매하는 사람이 아이폰과 갤럭시 중에서 어떤 브랜드를 선택하는지는 각각의 브랜드가 제시하는 차별점이 본인의 성향이나 기호, 쓰임새에 적합할 때 결정된다. 단순히 배가 부르는 것만을 목적으로 한다면 '이천 쌀'이냐 '안성마춤 쌀'이냐 하는 것은 고려요인에 들어가지 않는다. 마찬가지로 전화와 인터넷 등의 통신서비스를 이용하는 것이 목적인 소비자는 아이폰과 갤럭시의 구분이 중요하지 않다.

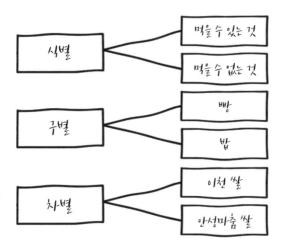

소비자들은 수많은 브랜드와 제품 중 본인이 원하는 브랜드와 제품을 선택한다. 그들에게 그 제품이나 브랜드를 왜 선택했는지 질문해 보면 다양한 이유들이 있겠지만 제품이나 브랜드가 제공하는 차별점 혹은 차별적 이미지가 본인에게 필요한 것이라고 생각해 구매했다는 응답이 많다.

"

차별화란
우리 제품과 브랜드만이 가진
선택의 이유를 만들어 주는 것이다.

"

02
차별화는
왜 중요한가?

　마케팅에서 차별화가 중요하다는 이야기는 경영이나 마케팅을 전공하지 않은 일반인이라도 많이 들어봤을 것이다. 소품종 대량생산에서 다품종 소량생산으로 발전한 산업화의 과정은 인터넷과 생산기술이 발전하며 1:1 개인 맞춤형 제품까지 생산하는 시대가 되었다. 그리고 다양한 제품과 경쟁 브랜드들이 생겨나며 무엇이 좋은지 쉽게 판단할 수 없는 시대가 되었다. 때문에 제품을 생산하고 상품을 판매하는 기업과 마케터들이 수많은 경쟁 속에서 우위를 차지하기 위해 차별화가 필요하다는 이야기를 하고 있는 것이다. 모두가 똑같은 장점을 이야기할 때 다른 장점을 이야기하지 않으면 자본을 무기로 경쟁하는 치킨게임에서 벗어날 수 없다는 것을 명확히 알고 있기 때문이다.

모든 것이 동일하다면 가격이 싼 쪽을 택한다

———

소비자의 입장에서 상품이나 브랜드가 다 똑같아 보인다면 구매를 결정하는 요인은 결국 가격만 남게 되어 최저가를 선택하게 된다. 그렇게 되면 얼마나 더 싸게 파느냐의 구도로 경쟁할 수밖에 없다. 결국 기업의 이윤창출을 떠나 경쟁자가 자본이나 기력이 쇠해 고사할 때까지 기업이 손해를 볼지언정 버텨서 살아남는 것이 기업의 목표가 되는 것이다. 또한 이런 치킨게임이 반복되어 시장이 파괴되면 치킨게임에서 살아남은 기업은 독점적 위치에 올라서게 되고, 그간 치킨게임에서 입은 손해를 메꾸기 위해 상품의 품질이 저하되더라도 이윤을 많이 남기기 위해 노력하게 된다. 이는 결과적으로 소비자에게 더 좋은 상품을 선택할 수 있는 기회의 박탈로 이어지게 되고 저품질의 상품을 어쩔 수 없이 구매하게 되는 악순환으로 이어지게 된다.

차별화의 핵심은 고객 로열티 확보

———

차별화의 중요성에 대한 이야기는 '극단적인 다름만을 추구하는 것이 옳은가?'라는 질문으로 이어지게 된다. 제품을 통해 얻을 소비자의 이익은 고려하지 않고, 차별화만을 위한 차별화는 과연 옳은 것인가? 이에 대해서는 반은 맞고 반은 틀리다고 말할 수 있다. 반은 맞다고 한 이유는 너무나 많은 상품과 브랜드 사이에서 똑같이 비춰질 바에는 한 번이라도 눈에 띄도록 튀는 것이 소비자의 주목을 받을 수 있어 선택받을 가능성이 높아지기 때문이다. 반은 틀리다고 한 이유는 '다름'이 단지 차별화만을 위한, 소비자에게 유익하지 않은 '다름'은 호기심을 자극하여 처음 한두 번의 트라이얼 구매는 일으킬 수 있을지 몰라도 장기적으로는 재구매로 이어질 가능성이 적기 때문이다. 결과적으로 기업과 브랜드의 생존력을 담보할 수 없는 것이다.

결국 차별화를 만들어 낼 때의 중요 포인트는 소비자에게 유익한 '다름'을 제안하여 지속적인 선택을 유도하고 재구매로 이어지는 로열티를 구축할 수 있어야 한다는 것이다.

스마트폰을 예로 들어보자. 스마트폰은 수많은 브랜드가 있지만 국내 시장에서 대표주자는 애플의 아이폰과 삼성전자의 갤럭시이다. 두 브랜드 모두 다양한 차별점을 소비자에게 어필하고 있지만, 대표적인 차별점은 몇 가지로 압축된다. 아이폰의 경우 고유의 제품 디자인과 UX를 감성적인 차별점으로 어필함과 동시에 자체적으로 개발해 운영 중인 IOS 운영체제와 아이튠즈, 앱스토어, 팟캐스트 등의 기능적인 차별점을 어필하여 고객의 선택과 브랜드 충성도를 유지하고 있다. 이와 달리 갤럭시의 경우 오픈플랫폼인 안드로이드의 특성을 활용한 PC 호환성과 더불어 스타일러스 펜, 엣지 스크린 등 하드웨어적인 측면의 장점을 어필하며 아이폰과의 차별점을 내세우고 있다. 두 브랜드 모두 각각의 차별점을 지니고 있어 소비자들은 본인의 성향이나 사용패턴 등을 고려해 적합한 제품을 구매하고 있다.

그런데 특허 문제를 벗어나 두 회사가 자유롭게 제품을 만들 수 있는 상황이 되었다고 가정했을 때, 서로 상대방의 장점을 가져와 제품에 구현한다면 어떻게 될까? 아이폰에서 갤럭시만의 스타일러스 펜 기능을 구현한다거나 갤럭시에서 아이폰의 차별점을 똑같이 구현하여 소비자에게 제공하게 되는 상황 말이다. 그렇게 되면 소비자들은 둘 사이의 다른 차별점을 찾을 수 없게 되고, 결국 갤럭시와 아이폰을 차별화할 수 있는 방법은 가격적인 측면만 남게 되어 소비자들은 보다 싼 가격에 판매하는 제품을 구매하게 될 것이다. 이는 기업의 치킨게임으로 이어져 차별적 특징이 없는 제품을 초반에는 싸게 구입하지만 치킨게임이 끝나 승리기업의 독점상황이 도래한 후에는 울며 겨자먹기로 저품질의 제품을 구매할 수밖에 없는 악순환으로 이어질 것이다.

"

차별화가 없다면
결국 무한가격경쟁의 치킨게임에 빠지게 된다.
기업의 지속적인 생존을 위해서는 고객의 로열티가 필요하고,
고객의 로열티 확보를 위해서는 차별화가 반드시 필요하다.

"

03

그렇다면
차별화의 방법은?

고객이나 소비자에게 의미가 있는 '다름'이란 결국 구매에 영향을 미치는 차별적인 장점을 말한다. 이런 장점을 만들어 내는 방법은 다양하게 존재하는데, 그중 STP^{Segmentation, Targeting, Positioning}와 4P^{Product, Price, Place, Promotion} Mix의 과정에서 차별화를 꾀하는 것이 가장 일반적인 방법이다. 즉, 시장의 빈틈을 찾아내어 필요로 하는 고객에게 차별적 가치를 제안하기 위해 제품이나 가격, 유통, 촉진의 과정을 혼합하여 제안하는 것이다. 이 과정에서 발굴한 제품이나 브랜드의 독특한 장점을 USP^{Unique Selling Proposition}라는 말로 표현하기도 한다.

남과 다른 서비스로 차별화를 시도하라

제품으로 차별점을 제안하기 어려운 경우 제품과 함께 제공되는 서비스를 통해 차별화를 꾀하는 경우도 있다. 앞서 이야기한 아이폰은 애플 제품을 구매했을 때만 이용가능한 아이튠즈와 앱스토어가 그 역할을 하고 있다. 고급 승용차의 경우 차를 판매할 때 함께 제공되는 워런티 프로그램을 통해 차별점을 만들어 낼 수 있다. 이처럼 제품이나 상황에 따라 추가서비스는 달리 제공될 수 있다. 집 앞에 있는 유명 프랜차이즈의 빵집이 일정 수준 이상의 맛과 깔끔한 서비스를 제공하더라도 소비자의 성향에 따라 집에서는 다소 멀지만 빵을 구매했을 때 기분 좋은 인사를 나눌 수 있는 빵집을 선호할 수 있는 것이다. 이 경우 구매자가 얻는 추가서비스는 '인상 좋은 주인의 웃음'이 된다.

이미지로 차별화를 시도하라

다수의 고객을 상대하는 B2C 영역의 경우 제품과 서비스로 차별화를 하는 것에 한계가 있고, 차별화에 성공하더라도 경쟁사에서 쉽게 따라 할 수 있기 때문에 브랜드 이미지로 차별화를 꾀하는 경우가 많다. 우리가 매일매일 접하고 있는 수십, 수백 개의 다양한 브랜드들이 이미지 차별화를 시도한 결과물이라고 할 수 있다.

세상에 존재하는 수많은 브랜드 중에서 당신의 마음에 드는 브랜드가 어떤 것이 있는지 잠시 눈을 감고 생각해 보자. 당신의 머릿속에 생각나는 브랜드는 기껏해야 2~3개에 불과할 것이다. 이는 제대로 된 차별화가 얼마나 중요한지를 보여주는 좋은 예시이다. 아무리 많은 브랜드가 있더라도 우리가 기억할 수 있는 브랜드는 몇 개 되지 않는다.

브랜드 이름과 로고로 차별화를 시도하라

브랜드 고유의 차별점을 어필하기 위해 브랜드 이름과 로고, 상징물들을 만들어 소비자의 마음속에 경쟁 브랜드와는 다른, 그 기업만의 고유 이미지를 심어주기 위한 모든 활동이 차별화 과정에 해당한다. 우리 브랜드만의 로고를 만드는 것은 제품과 서비스 차별화가 쉽지 않은 현대에 가장 많이 사용되는 차별화 방법이며, 브랜드를 잘 구축했을 때 그 효과가 입증된 방법이기도 하다. 똑같은 가방이라도 아무런 브랜드 없이 판매될 때와 명품 브랜드가 붙어 판매될 때 가방 자체의 품질 차이는 없을지라도 브랜드 차이가 가격에 반영되어 판매가가 몇 배씩 차이가 나는 것이 흔한 브랜드 차별화 사례라고 할 수 있다.

브랜드 차별화를 위해 가장 중요한 것은 결국 포지셔닝이다. 제품의 차별적인 속성이나 제품이 전달하는 고유의 추상적 이미지(고급,

신뢰성, 친근함, 희소성 등 제품을 선택하게 하는 다양한 이미지들), TPO^{Time,} ^{Place,Occasion} 등 상황에 적합한 제품, 경쟁 브랜드 대비 더 좋은 점을 어필하는 방법들이 대표적인 포지셔닝 방법에 해당한다.

이외에도 브랜드가 가진 고유한 스토리를 어필하거나 브랜드가 추구하는 사회적인 가치를 전달하여 긍정적인 이미지를 쌓는 방법도 이에 해당한다.

"

차별화는
소비자의 구매에 영향을 미치는 차별적 장점을
제품, 서비스, 이미지, 브랜드 네임·로고 등을 통해
구축해 나가는 것이다.

"

2장

'다름'을 추구하는
3가지
차별화 요소

01

제품 차별화
– 트롬 스타일러

마케팅에는 다양한 차별화 요소가 존재한다. 그중 대표적으로 제품, 서비스, 브랜드 이미지의 세 가지 차별화 요소를 사례와 함께 살펴보자.

트롬 스타일러, 포기하지 않고 나만의 길을 간다

LG전자는 2011년 트롬 스타일러를 출시했다. '세상에 없던 가전'이라는 슬로건을 내세우며 신개념 의류관리기 카테고리를 만들어 낸 트롬 스타일러는 출시 초반 '의류관리기'라는 생소함과 집 안에 설치하기 부담스러운 사이즈 때문에 사람들에게 외면받아 판매량 부진에 시달렸다. '있으면 좋을 것 같기는 한데 이렇게 큰 제품을 놔둘 공간도 없고 꼭 필요한 것 같지도 않다'라는 것이 소비자의 심

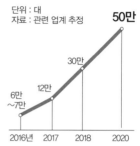

단위 : 대
자료 : 관련 업계 추정

50만

30만

12만

6만
~7만

2016년 2017 2018 2020

리였다. 하지만 LG전자는 2015년, 크기를 기존 제품 대비 30% 줄인 신형 스타일러를 출시하면서 반전을 이끌어낸다. 특히 미세먼지 증가 이슈에 따라 미세먼지 제거에 효과적인 제품이라는 인식이 생긴 이유도 있었지만 2011년 출시 이후 무려 4년이라는 시간 동안 제품 개선에 힘쓰며 기회를 놓지 않은 것이 시장선도자의 입지를 다지는 기반이 되었다.

트롬 스타일러는 2017년 의류관리기 판매량 12만대 중 10만 대를 판매하며 83%의 점유율을 기록했다. 2018년 의류관리기 시장의 규모는 30만 대에 달했고, 자료에 따르면 트롬 스타일러의 2018년 생산량은 2017년 대비 2배 수준이라 하니 24만 대를 생산했을 것으로 추정해 봤을 때 나름 대박임에는 틀림없다. 향후 렌탈 등의 수요가 늘어날 것까지 감안할 때 기존에 존재하지 않던 의류관리기 시장은 더욱 확대될 것으로 예상된다.

특히 2018년 8월에는 삼성전자가 에어드레서라는 제품을 공개하며 시장에 진입했고, 코웨이도 FAD-01라는 제품으로 렌탈시장에 뛰어들었다. 이는 결과적으로 '스타일러'라는 새로운 카테고리가 생기

고 그 규모가 커지는 상황에서 선도자의 입장에 있는 LG전자의 트롬
스타일러의 매출이 더욱 커지는 결과로 이어질 것이다.

트롬 스타일러의 차별화 3요소

이렇게 성장가도를 달리고 있는 트롬 스타일러의 차별화의
핵심은 앞에서 언급한 소비자에게 유의미한 다름을 어떻게 만들어 냈
는가로 설명할 수 있다. 즉, 고객 상황을 고려한 슬림화와 차별적 기
능, 사회적 이슈 해결의 세 가지 요인이 맞물려 이루어 낸 결과이다.

첫 번째 요인인 슬림화는 크기를 줄여 집 안에 설치가 가능하도록
개량한 점이다. 기존 제품 대비 30% 이상 줄어든 크기는 일반 가정
에서도 드레스룸이나 거실, 안방 등 다양한 공간에 설치할 수 있게
되었을 뿐만 아니라 공간이 좁은 1인가구도 줄어든 크기 때문에 구
매를 고려할 수 있게 된 것이다.

두 번째 요인인 차별적 기능은 매일 입는 교복이나 양복의 냄새를 제거하는 탈취기능과 구김 제거, 트루스팀True Steam을 분사해 미세먼지 입자의 95.9%를 제거할 수 있는 제품 기능으로 압축된다. 이는 옷에 밴 냄새로 인해 매일 세탁을 하는 소비자들에게 세탁을 하지 않고도 세탁한 효과를 줄 수 있어 세탁뿐만 아니라 건조에 들어가는 시간과 노력을 줄여주는 이점을 제공했다.

마지막 사회적 이슈 해결은 최근 문제가 되고 있는 미세먼지를 손쉽게 제거할 수 있어 미세먼지와 관련된 소비자의 고민을 덜어줄 수 있는 다름을 제안한 것이다.

이런 트롬 스타일러의 차별화 3요소는 결과적으로 주부의 세탁 고민을 덜어주는 '다름'으로 어필하게 되었고, 이제 스타일러는 건조기와 함께 신혼부부들의 필수가전 리스트에 이름을 올리고 있다. 또 고급호텔이나 리조트에 납품해 숙박서비스의 프리미엄 이미지를 전달하는 브랜드로 자리매김하고 있다.

제품 차별화의 핵심은 지속성과 일관성

제품 차별화는 고객의 니즈에 근거하여 차별적 우위를 달성할 수 있는 가장 일반적인 수단이다. 지속적인 혁신과 꾸준한 시도로 이루어 낼 수 있는 결과인 것이다. 꾸준히 노력하여 차별점을 만들어 낼 수만 있다면 그에 따르는 과실이 큰 차별화 전략이라고 할 수 있다. 하지만 자칫 차별화 노력이 게을러지거나 일관성 있게 추진하지 못한다면 실패의 가능성도 크다.

LG전자의 트롬 스타일러 역시 꾸준한 노력의 결과로 볼 수 있다. 금성전자 이후 TV, 세탁기, 냉장고로 대표되는 전통적인 백색가전시장의 강자로 인식되던 LG전자였다. 하지만 차별적인 제품을 내놓지 못해 TV의 경우 삼성에 추월당하는 암흑기를 지나온 기억도 있었다. 이를 극복하고 경쟁우위를 차지하기 위해 '기술의 LG'를 표방한 LG전자의 꾸준한 제품 차별화 노력은 스타일러 외에도 세탁기와 모듈 방식으로 합체 설치가 가능한 트윈워시의 출시로 이어지며 지속되고 있다.

02

서비스 차별화
– 유니버설 얌스

수입과자가 귀하던 시절, 유통회사들은 일본과 미국에서 유행하던 과자를 독점적으로 수입하며 큰돈을 벌 수 있었다. 처음 맛보는 페레로 로쉐, 프링글스, 키도, 우마이봉의 맛은 말 그대로 신세계였다. 그 당시 수입과자 시장은 희소성에 기반한 제품 차별화 전략이 꽤나 잘 먹히던 곳이었다.

하지만 이제는 편의점, 대형할인마트, 백화점, 드럭스토어라고 불리우는 H&B^{Heath&Beauty} 스토어 등에서 언제든 편리하게 수입과자를 맛볼 수 있다. 언제 어디서든 편리하게 맛볼 수 있다는 것은 제품만으로의 차별화가 어렵거나 불가능한 시장이라는 것이고, 가격경쟁이 매우 치열한 시장이라는 의미이기도 하다.

유니버설 얌스, 세계의 과자와 문화를 맛보다

———

그런데 최근에 제품 차별화가 어려운 수입과자 시장에서 서비스 차별화로 성공한 기업이 있다. 2014년 설립된 미국의 스타트업인 유니버설 얌스Universal Yums는 전 세계에 과자 정기배송서비스를 통해 과자와 함께 마치 그 나라를 여행하는 것 같은 '체험'을 팔아 성공을 거두고 있다.

유니버설 얌스는 매달 한 개의 나라를 선정해 그 나라의 대표 과자들을 3가지 사이즈의 박스에 담아 정기배송을 한다. 멕시코, 콜롬비아, 터키, 파키스탄 등 가보고 싶지만 쉽게 여행할 수 없는 국가들도 포함되어 있으며, 한국이 테마였던 2017년 7월에는 칸쵸, 뿌셔뿌셔, 빼빼로, 찰떡파이, 땅콩샌드 등 한국을 대표할 만한 과자들을 선별하여 보냈다.

한 국가의 과자들을 박스에 모은다는 것만으로 이 박스는 과자 부스러기가 아닌 누구나 궁금해 하는 콘텐츠가 되었다. 하지만 얌스 차

YUM BOX
6+ SNACKS
in every box

☑ 8 page booklet with trivia & games
☑ FREE shipping! (USA only)
☑ First box ships January 15th

YUM YUM BOX
12+ SNACKS
in every box

☑ 12 page booklet with trivia & games
☑ FREE shipping! (USA only)
☑ First box ships January 15th

SUPER YUM BOX
20+ SNACKS
in every box

☑ 16 page booklet with trivia & games
☑ Free Shipping! (USA only)
☑ First box ships January 15th

별화의 핵심은 과자만 제공하는 것에 있는 것이 아니라 그 콘텐츠에 문화까지 담아서 전달하는 것에 있다. 간식과 함께 그 나라를 소개하는 문구와 퀴즈 그리고 '맛있다' '달콤하다' '즐겁다' 등의 표현을 해당 국가의 언어로 말하는 방법을 소개한 8~16쪽 분량의 소책자도 함께 보낸다. 간식을 고르는 기준도 매우 까다로운데 그 나라의 문화와 잘 어울리는지 판단하고, 짭짤한 맛과 달콤한 맛, 과일 맛과 매콤한 맛이 골고루 담겨있는지, 너무 흔하거나 너무 특이하지 않은지를 고려해 과자를 선택한다.

그 나라의 문화를 담은 이 간식 박스는 아이들에게 다양한 문화를 체험하게 하고 싶어 하는 부모나 교사들에게 인기가 좋다. 교사들은 학생들에게 간식의 국가에 대해 조사해 오라고 하고 임무를 완수하면 조사한 나라의 간식 박스를 선물로 준다. 간식을 먹기 위해 아이들이 더 열심히 숙제를 해오는 것은 당연하다.

스스로를 간식계의 트립어드바이저라고 부르는 유니버설 얌스는 똑같은 외국과자이지만 그 나라의 문화까지 전달하는 서비스 차별화 전략으로 2015년 2,000달러 매출로 시작해 2017년에는 20만 건의 주문을 받아 500만 달러의 매출을 올렸다. 동일한 제품을 타깃 고객에 맞춰 다르게 팔면 이렇게 차별화가 가능하다.

03

브랜드 이미지 차별화
– 수프림

종교가 된 브랜드, 수프림

쇠, 지렛대, 소화기, 뉴욕 지하철 표까지 이 브랜드의 로고만 붙이면 완판이 된다. 2016년에는 벽돌에 로고를 찍어 30달러에 판매했는데 순식간에 품절이 되었고 온라인에서는 2,000달러에 되팔렸다. 2018년 뉴욕포스트에 이 브랜드의 광고가 실리자 하루에 23만 부를 찍는 이 신문은 완판되었고 온라인에서 이 신문은 무려 100달러에 되팔렸다. 2018년 말에는 삼성전자 중국 법인이 이 브랜드의 합법적 가짜와 협업한다고 밝혔다가 취소하는 해프닝이 벌어지기도 했다. 이 브랜드는 이제 단순한 브랜드를 넘어 하나의 신앙, 종교로 추앙받는 수프림Supreme이다.

길거리 브랜드로 시작해 10억 달러의 기업가치를 지닌 브랜드가 된 수프림. 콧대 높은 루이비통까지 콜라보레이션을 제안했던 힙한 수프림의 브랜드 가치는 어떻게 만들어졌을까?

이들의 성공적인 차별화 전략은 첫째 반주류 성향의 강력한 악동

브랜드 아이덴티티를 구축한 것이며, 둘째는 희소가치를 극대화시키는 콜라보레이션 제품의 출시, 그리고 마지막은 광적인 추종자를 만드는 브랜드 관리 등의 세 가지로 정리해 볼 수 있다.

1994년 맨해튼의 소호에 위치한 스케이트보드 매장에서 시작된 수프림은 매장을 보더 팬들이 모일 수 있는 아지트 공간으로 변모시켜 '스케이트보드 = 수프림'이라는 브랜드 아이덴티티를 만들었다. 이후 자신들의 이미지를 외부에 각인시키고 입지를 넓히기 위해 스티커 밤Sticker Bomb이라는 그들만의 마케팅 활동을 시작했다(스티커 밤은 서브컬쳐의 문화 중 하나인 그라피티를 스티커로 제작해 주요 시설에 붙이고, 그 주요 시설들에 저항하는 느낌을 부여하는 것인데 매체가 스티커인 것 외에 그라피티와 동일한 용법과 효과를 보여줬다). 길거리의 캘빈클라인 속옷 광고 위에 자신들의 로고 스티커를 붙였다가 소송을 당하고 루이비통 특유의 모노그램 문양을 도용해 스케이트보드에 새겨 팔다가 판매중지 처분을 받기도 했다. 또한 수프림 티셔츠를 입은 금융사기범 체포 사진을 그대로 티셔츠에 프린트해 팔기도 했다.

이렇게 기존 문화에 반항하는 악동적인 태도는 결국 10∼20대 젊은층의 마음을 사로잡았다. 흥미로운 것은 소송까지 불사하던 명품 브랜드들이 결국 수프림과 손을 잡고 콜라보레이션 작업을 시작했다는 것이다. 이는 수프림이 젊은층을 광적인 팬으로 두고 있다 보니 타 브랜드에게는 매출 증대, 차별적 이미지 제고를 위한 브랜드 차별화의 매력적인 파트너였기 때문이다. 캘빈클라인과는 소송 당시 스티커를 붙였던 광고 이미지를 그대로 사용하여 티셔츠 상품을 판매하고, 루이비통과는 모노그램 문양과 수프림 로고를 함께 넣은 재킷·가방·운동화를 제작했다. 또 마이클 잭슨, 마이클 조던 등 유명인사들과 콜라보레이션 작업을 통해 희소가치를 극대화했다.

수프림의 가장 큰 차별화 전략은 광적인 추종자를 만드는 브랜드 관리에 있다. 모든 제품을 200~400점으로 소량 한정판매하고 아무리 인기가 많아도 추가생산을 하지 않는다. 또한 새 제품을 출시하는 드랍데이Drop Day에도 전 세계 11개점만 운영하는데 1인당 딱 1점씩만 살 수 있다. 대부분의 기업들은 많이 팔리는 상품을 더 많이 만들어내고 싶어 한다. 당장 눈에 보이지 않는 브랜드 이미지보다는 매출과 영업이익에 목표를 맞추고 있기 때문이다. 하지만 수프림은 의도적으로 희소가치를 택했고 이는 젊은층을 브랜드 광신도로 만들었다.

또 수프림의 차별적 브랜드 아이덴티티는 서비스의 오점까지 다름으로 받아들여지게 했다. 수프림 직원들은 매우 불친절하기로 유명한데, 초반에는 옷을 만지작거리기만 해도 호통을 치고 보더가 아닌 고객은 거들떠보지도 않았다. 그런데 이런 불친절조차 수프림다운 매력으로 받아들여진다. 브랜드 자체가 애초에 주류문화를 거부하는 악동들로부터 시작되었기 때문이다.

3장

소비를
부르는
3가지 심리

01

구매와 연관된
인간의 심리

앞서 차별화의 개념과 중요성 그리고 대표적인 세 가지 차별화 요소에 대해 간략히 알아보았다. 이제 차별화의 기본적인 전략을 소개하기에 앞서 차별화의 근간이 되는 인간의 심리에 대해 이야기해 보려 한다.

'경제는 심리다'라는 말이 있듯이 인간의 경제적 활동을 심리학·사회학·생리학적인 관점에서 규명하려는 행동경제학이 점점 더 각광을 받고 있다. 마케터들이 사랑하는 책 중 하나인 《넛지》는 인간의 행동을 어떤 방식으로 유도하고 유발할 것인지에 대한 내용을 담고 있는데, 여기에는 마케팅과 사람들의 소비활동이 인간의 심리와 엄청나게 밀접한 관계에 있다고 설명하고 있다. 따라서 마케팅 업무를 진행하려면 인간의 구매활동과 연관된 인간의 심리가 무엇인지 고민하고 연구할 필요가 있다.

성욕, 수면욕, 명예욕, 안전욕, 안정욕, 권력욕, 공포, 영웅심 등 인간은 갖가지 본능의 굴레 속에서 살아가고, 이러한 인간의 본능은 곧 제어할 수 없는 인간의 독특한 심리로 이어진다. 아무리 이성의 명령에 따라 살아가려고 노력해도 본능과 심리는 인간의 삶에서 매우 큰 비중을 차지하고 있다.

소비에 영향을 주는 인간의 심리는 매우 많다. 그 중에서도 가장 많은 영향을 끼치는 심리는 탐욕, 공포, 호기심 등 크게 세 가지로 귀결된다. 남보다 돋보이고 싶거나 비슷해지고 싶어 구매하는 패션아이템도, 혹시 몰라 비싸게 사먹는 유기농 식품도, 인터넷에서 본 신기한 전자제품도 모두 이 3가지 구매의 기본심리에서 비롯된다.

금전적 소비활동뿐만 아니라 시간과 열정을 투입해야 하는 종교·정치 등의 사회활동 역시 탐욕, 공포, 호기심의 영향을 많이 받는다. 어떤 이는 죽음에 대한 공포 때문에, 어떤 이는 우주의 섭리에 대한 호기심 때문에, 어떤 이는 사회적 성공을 위한 인맥을 쌓기 위해 종교를 접하고 자신의 시간과 돈을 투여한다. 어떤 이는 자신의 집값을 올려준다는 후보에게, 어떤 이는 자신의 사회적 안전망을 구축해 주는 복지를 강화한다는 후보에게, 어떤 이는 독특한 공약과 캐릭터를 내세우는 후보에게 투표를 한다.

이렇듯 인간의 다양한 소비활동을 유발하는 3가지 심리인 탐욕, 공포, 호기심에 대해 알아둘 필요가 있다.

02

탐욕
Greed

탐욕의 재발견

일반적으로 탐욕이란 말은 부정적인 의미로 많이 사용되어 왔다. 그 이유는 아마도 욕심을 억제하고 항상 절제하며 살아야 한다고 교육받으며 자라왔기 때문일 것이다. 여기서 말하는 탐욕은 생존에 필요한 기초적인 욕구, 쾌락을 추구하는 유흥심리, 타인과 비교해 좀 더 우월한 존재가 되고 싶어 하는 경쟁심, 좀 더 편안한 삶을 영위하고자 하는 안락추구, 자아실현을 위한 기능적인 보완 등을 모두 포함하는 인간의 심리이다. 따라서 인간이 가진 탐욕이라는 기본적인 심리를 효과적으로 자극할 수 있다면 기업활동의 효과는 더 증폭될 것이다.

과거를 돌아보면 권력자의 끝없는 욕심이 전쟁을 불러왔고 그 전쟁에서 이기기 위해 첨단무기를 개발했고 그러한 과정에서 과학과 각종 문명의 이기가 개발되었다. 우리가 간편하게 먹는 통조림부터 봄가을 길거리에 흔하게 보이는 트렌치코트, 심지어 이제는 없어서는 안 될 GPS시스템까지 모두 전쟁의 산물이다. 전쟁은 인류에게 막대한 피해를 끼친 악^惡이지만 역설적이게도 인류를 윤택하게 해주는 다양한 기술과 상품들을 탄생시키기도 했다.

마케팅도 마찬가지다. 인간의 소비활동에는 이 '탐욕'이라는 심리가 아주 강하게 작용하고 있기 때문에, 이를 해결하기 위한 기업의 노력은 위대한 제품의 탄생으로 이어졌다.

탐욕은 깊어지고 지속된다

탐욕이라는 심리가 기업활동, 특히 상품과 서비스를 판매해야 하는 마케팅 분야에서 중요한 이유는 탐욕의 지속성에 있다.

무인양품의 아이템으로 방을 꾸미기 시작하면 새로운 무인양품의 아이템이 계속 눈에 들어온다. 극단적으로는 성형수술을 하여 어느 정도 예뻐진 얼굴에 만족할 만도 한데 자꾸 마음에 안 드는 부위가 눈에 밟힌다. 좁은 집에서 불편함 없이 살던 사람도 한 번 넓은 집으로 이사를 가면 예전에 살던 좁은 집으로는 절대 돌아가지 못한다. 이처럼 인간이 가진 탐욕이라는 존재는 좀처럼 만족을 모른다. 계속 더 좋아 보이는 것, 더 자극적인 것, 더 편안한 것을 찾게 된다. 그리고 이는 지속적으로 소비활동을 하게 만든다.

한 번 맛있는 음식을 먹었던 사람이 그 한 번의 경험에 만족하고 맛있는 음식에 흥미를 잃는 경우는 없다. 계속 더 맛있는 곳을 찾게 된다. 자동차를 사서 편안하게 다니던 사람이 한 번 편안했던 것에 만족하고 자동차를 되파는 경우는 없다. 역설적이게도 인간이 본인의 탐욕을 채우기 위해 구매하는 상품은 더 큰 탐욕, 또 다른 종류의 탐욕을 자극하여 지속적인 소비활동을 불러일으킨다. 이처럼 어느 정도의 탐욕은 인류와 기업활동에 강력한 촉매제 역할을 해온 것이 사실이다.

인간의 탐욕은 무한하고 시간과 자원은 유한하다. 이 유한함과 무한함의 차이는 지속적인 모순을 만들어 내고, 그 모순은 갖가지 소비로 충족시키고자 하는 인간의 심리, 즉 탐욕으로 드러나게 된다. 따라서 마케터라면 이 탐욕에 대해 무조건적으로 거부반응을 보이기보다는 '탐욕'이라고 하는 심리를 가까이에 두고 그것을 연구하고 적절히 이용하고자 하는 자세를 가져야 한다.

"

탐욕은
기초적인 생리욕구, 경쟁심, 쾌락 추구, 자아실현 등
기본적인 인간의 심리이며,
충족되기가 매우 어렵기 때문에 인간의 소비활동을 지속시킨다.

"

03

공포
Fear

공포가 우리를 움직인다

———

"이제 갓 세 돌 지난 딸아이가 자꾸 몸을 긁습니다. 감기도 자주 걸리는 것 같고 성격도 점점 과격해지는 것 같습니다. 주변 사람들이나 방송, 자주 가는 인터넷 카페에서는 음식에 문제가 있는 것 같다고 합니다. 생각해 보니 예전보다 과자도 자주 먹이고 길거리 음식도 많이 먹였으며 외식도 자주 했던 것 같습니다. 딸아이가 무엇 때문에 몸도 약해지고 성격도 안 좋아지는지 그 이유는 정확히 모르겠지만 일단 음식부터 바꾸기로 했습니다. 그래서 이제 웬만한 음식은 유기농으로 먹일 예정이며 유기농이 어렵다면 적어도 풀무원이나 초록마을 제품으로 먹이려 합니다."

"사람들은 옷차림이 경쟁력이라고 합니다. 하지만 저는 패션에 대해 잘 알지도 못하고 관심도 별로 없습니다. 괜히 무리해서 너무 튀거나 유행에 민감한 옷차림을 했다가는 사람들이 쳐다볼 것 같고 비웃을 것 같습니다. 그래서 튀지도 않고 그다지 유행에 뒤떨어지지 않는 옷차림을 찾다 보니 요즘에는 유니클로만 입게 됩니다. 그리고 대체로 실패한 적은 없었던 것 같습니다."

많은 사람들이 이런 이유로 풀무원이나 유니클로 제품을 구매한다. 그런데 소비자들은 왜 이런 소비를 하는 걸까? 아이의 건강을 위해, 혹은 이유 모를 불안감에 유기농 식품을 사 먹인다. 타인의 시선이 불안하고 패션 트렌드에 무지하기 때문에 누가 봐도 무난한 유니클로를 사 입는다. 여기에서 보이는 소비자의 심리, 그것은 바로 '공포'라는 심리이다.

인간의 소비활동뿐만 아니라 사회 전반에도 공포는 매우 큰 영향을 미친다. 그럴 수밖에 없다. 한 번 나빠진 건강은 회복하기 어려우며, 소중한 우리 아이에게 혹시나 모를 자신의 무지나 실수로 인해 치유할 수 없는 상처를 줄 수도 있다. 또 말 못하는 우리 고양이는 나의 안일한 치료와 대처로 인해 표현도 못하고 끙끙 앓을 수도 있다. 따라서 혹시 모를 위험과 불안감에 대처할 수 있게 해주는 공포라는 심리는 그다지 부정적인 심리가 아니다. 인류사회는 공포의 원인을 밝혀내고 제대로 된 대처법을 개발하면서 발전해 왔고 그로 인해 생활수준은 높아지고 인간의 수명은 길어졌다.

우리의 일상생활도 알게 모르게 공포에 영향을 받고 있다. 하다못해 점심 메뉴를 고르는 과정도 선택을 잘못해 발생할 수 있는 기회비용이라는 공포의 영향을 받는다. 늘 가던 식당, 즐겨 먹던 메뉴가 지겨워질 때쯤 새로운 식당, 새로운 메뉴가 먹고 싶어질 때가 있다. 하지만 막상 새로운 식당을 찾아 새로운 메뉴를 먹자니 고민이 된다. '내 입맛에 맞지 않으면 어쩌지?' '음식이 늦게 나오는 건 아닐까?'와 같은 사소한 고민들이 생긴다. 때문에 오늘도 많은 사람들은 새로운 메뉴에 도전하기보다는 늘 가던 식당, 늘 먹던 메뉴를 고르는 경우가 훨씬 많다.

가격이 비싸더라도 특정 브랜드와 믿을 수 있는 아이템을 선택하는 것도 같은 이유다. 평소 행태는 마음에 안 들지만 그래도 대기업의 제품을 선택하는 이유도 공포에 기인한 경우가 많다. 또 프랜차이즈의 경우 매뉴얼화되어 있고 규격화되어 있기 때문에 전국 어디에서든, 심지어 세계 어디를 가든 품질이 동일하다. 우리가 다른 시간, 다른 장소에서 구매를 하더라도 늘 같은 품질의 상품과 서비스를 구매할 수 있기 때문에 '내가 원하는 것이 아니면 어쩌나'라는 공포감에서 벗어날 수 있다.

따라서 마케터가 인간의 소비활동에 깊숙이 관여하고 있는 '공포'라는 심리를 효과적으로 자극할 수 있다면 매우 효과적인 마케팅활동을 할 수 있다.

공포는 극복하기 어렵다

무엇보다 지속성을 목표로 하는 기업의 활동, 특히 장기적이고 안정적인 판매를 이루려는 마케팅활동에 있어 공포의 지속성은 매우 필요하다. 인공조미료가 많이 들어 있다는 외식을 줄이고 길거리 음식을 사 먹는 횟수를 줄이더라도 하루가 멀다 하고 터지는 식품 사고를 보면 음식에 대한 불안감은 좀처럼 가시지 않는다.

공포는 또 다른 공포를 낳고, 공포는 필연적으로 공포를 회피하려는 행동을 유발하고, 그 행동은 안전과 신뢰회복을 위한 해결수단으로 이어져 소비활동을 촉진시킨다. 크게는 생명과 건강, 재산 등을 지키기 위한 소비에서부터 작게는 우유 하나로 인해 마음이 상하는 경우를 회피하기 위한 구매까지, 공포는 고객의 구매행동을 기업의 마케팅활동과 연결시켜 주는 인간의 기본적인 심리이다.

우리는 소비자의 공포를 과도하게 자극하여 이슈를 일으켰던 기업의 사례를 많이 봐왔다. 유제품에 자연적으로 포함될 수밖에 없는 카제인나트륨을 마치 유해물질인 것처럼 광고를 하거나, 다른 포장 두부에도 안 들어가는 MSG를 마치 자기 회사 두부에만 안 들어가는 것처럼 표기해 법적인 제재를 받기도 하고 사회적 지탄을 받기도 한다. 물론 공포심이 소비와 연결되어 있고, 공포심을 자극하는 것은 마케팅의 좋은 방법이다. 하지만 공포심을 과도하게 자극하여 불필요한 오해를 불러일으키거나 잘못된 정보를 사실인 것처럼 만들어서는 안 된다.

04 | 호기심
Curiosity

호기심은 마케팅의 매개체다

호기심은 탐욕, 공포와 마찬가지로 인류의 발전을 견인해온 주된 동력이다. 인류가 떠돌이 생활을 하던 때에 들판에서 자연적으로 싹을 틔우고 자라는 곡식의 기본원리에 대해 누군가가 호기심을 가지고 연구하게 되면서 농업혁명이 시작되었고 뒤이어 국가와 권력, 사유재산이 생겨났다. 신의 섭리라고 무조건 받아들이던 자연현상의 명확한 원인에 대해서도 누군가 호기심을 가지게 되면서 과학혁명이 시작되었다. 지금 이 순간에도 누구도 의심해 마지 않던 사실에 누군가는 의문과 호기심을 품고 인류 역사에 큰 영향을 미칠 연구에 피땀을 흘리고 있을 것이다.

마케팅에서는 이 호기심이 제품과 서비스에 접근하는 근간이 된다. 페이스북에서 화제가 되는 콘텐츠를 찾아 보고, 대형마트 시식코

너에서 여사님이 주는 냉동만두의 맛에 끌려 나도 모르게 카트에 만두를 담기도 한다. 어젯밤 유명 블로그에서 본 무선 헤어드라이어에 대한 궁금증이 하루 종일 머릿속을 떠나지 않는다. 이렇듯 호기심은 마케팅의 주요한 공략 포인트가 되고, 소비자의 호기심을 잘 자극하느냐에 따라 능력 있는 마케터로 인정받게 된다.

인간은 끊임없이 호기심의 대상을 찾는다

호기심이 마케팅에 중요한 심리인 이유는 호기심의 대상은 달라질지언정 호기심 자체는 지속적으로 발생되고 유지되기 때문이다. 인간은 심심하고 지루한 것을 참지 못하고 또 다른 관심거리를 찾으며 새로운 먹거리, 새로운 놀거리, 새로운 볼거리를 갈망한다. 그리고 반대편에는 자의든 타의든 그 관심거리를 제공해 주면서 이득을 취하거나 자기만족을 느끼는 사람들이 있다. 이러한 원리로 호기심의 대상은 무한히 공급된다.

다만 인간의 호기심은 한 가지 대상에만 머무르지 않는다는 점에서 탐욕이나 공포와는 다르다. 호기심 자체만으로는 지속적인 구매 욕구를 창출하기 힘들기 때문에 그 호기심을 탐욕과 공포라는 인간의 근본적인 심리와 연결시킬 필요가 있다. 그렇지 않으면 아무리 획기적인 컨셉, 기발한 콘텐츠, 혁신적인 신제품이라도 지속적인 판매에 실패하고 단순히 일시적 유행에 그칠 수밖에 없다. 따라서 호기심을 판매로 연결시키고 그 판매를 재구매로 연결시키고 재구매를 브랜드 자산으로 연결시키는 기획이 필요하고, 그러한 기획능력은 단순한 콘텐츠 창조능력보다 어쩌면 더 중요할 수 있다.

아무리 호기심이라는 심리가 혼자서는 지속성이 없다 해도 호기심은 그 자체만으로 마케터에게 중요한 심리이다. 호기심을 불러일으킬 줄 알아야 하고 어떤 콘텐츠나 컨셉이 호기심을 잘 자극하는지 볼 줄 알아야 한다. 마케터는 소비자의 호기심을 먹고 살기 때문이다.

"

호기심은

인간의 여러 실제 행동을 유발하는 강력한 심리이며,

호기심의 대상은 지속적으로 개발되기 때문에

마케터라면 소비자의 호기심을 효과적으로 자극할 수 있어야 한다.

"

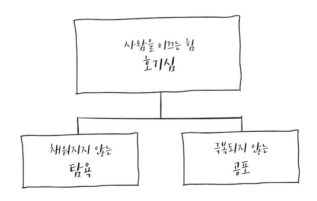

PART 2

실전에서 바로 써먹는 5가지 차별화 전략

1장

CORE_1

경제성

강력한 무기, 가격

지피지기知彼知己면 백전백승百戰百勝이란 말은 손자병법에 있다고 해서 유명해진 말이다. 하지만 손자병법에 지피지기면 백전백승이라는 말은 없다. 정확히는 손자병법에 '지피지기知彼知己면 백전불태百戰不殆'라고 쓰여 있다. 적을 알고 나를 알면 적어도 위태롭지 않다는 말이다. 즉, 백전백승할 수 있는 최고의 병법은 세상에 없다는 것이다.

마케팅에서도 마찬가지다. 시도 때도 없이 등장하는 경쟁자들 사이에서 우리 회사의 제품과 서비스를 100% 성공으로 이끄는 차별화의 왕도는 없다. 다만 시장에서 처참히 실패하거나 망신당할 확률을 확연히 줄여주고 그만큼 위태롭지 않게 해줄 방법론은 찾을 수 있다. 또 우리의 제품과 서비스를 위태롭지 않게 해줄 원칙들을 곱씹으며 마케팅을 하다 보면 그 중에서 히트상품이 나올 수도 있다.

스포츠 분야에서 강팀은 화려한 공격력과 스타플레이어를 많이 보유한 팀이 아니라 잘 지지 않는 팀이다. 월드컵이든 올림픽이든 화려한 팀보다는 여간해서는 잘 패하지 않는 팀이 우승하는 경우가 훨씬 많다. 따라서 화려하기보단 실패하지 않도록 만들어 줄 수 있는 현실적인 차별화 방법론과 어디서나 위태롭지 않게 해주는 실전적인 차별화 방법론이 필요하다.

인간의 구매욕구를 불러일으키는 세 가지 심리로 탐욕, 공포, 호기심을 앞에서 소개했다. 소비자의 물질적 탐욕과 '손해 보는 것 아닌가?'라는 공포심은 좀 더 저렴한 브랜드를 찾게 만든다. '좀 더 편해지고 싶다'는 탐욕은 편의성을 갖춘 브랜드를 찾게 만든다. '남들이 쓰는 것보다 더 최신의 기능을 가진 제품을 쓰는 사람이 되고 싶다'는 탐욕, '남들에게 뒤처지고 싶지 않다'는 공포는 기능성 상품에 열광하게 만든다. 그리고 호기심은 우리 제품과 서비스에 대해 궁금해하고 찾아보게 만들고 소비자들 사이에서 퍼져 나가게 만든다. 이처럼 탐욕, 공포, 호기심이라는 세 가지 욕구에서 출발한 차별화의 핵심적인 속성은 경제성, 기호성, 편의성, 신뢰성, 기능성의 다섯 가지로 정리할 수 있다.

차별화의 가장 중요한 5가지 핵심요소, 즉 '5 CORE'는 구매를 부르는 인간의 심리인 탐욕, 공포, 호기심에서 출발한 요소들이다. 제품이나 서비스의 카테고리에 따라 더 중요하고 덜 중요한 요소가 있을수 있겠지만 이 5 CORE는 제품이나 서비스의 성공요인이 될 수 있고한두 가지 요소의 결핍으로 인해 실패요인으로 작용할 수도 있다.

물론 5 CORE가 차별화의 만고불변의 진리는 아닐 수 있다. 더 체계적인 차별화의 방법론이 있을 수 있고 더 세밀한 차별화의 실행전술이 얼마든지 있을 수 있다. 하지만 5 CORE는 마케팅 전략의 실행이전에 제품과 서비스 자체에 경쟁력을 부여할 수 있는 차별화의 핵심속성으로, 제품과 서비스의 초기 설계단계부터 적용해 본다면 도움이 될 것이다.

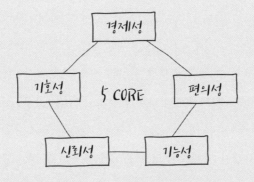

01

경제성 차별화

우리나라 속담에 '싼 게 비지떡'이라는 말이 있다. 무엇인가 싼 상품은 그리 쓸만한 상품이 아니라는 뜻이다. 마케팅을 처음 배우거나 처음 실무에 들어가면 '가격경쟁에서 벗어난 섹시한 브랜드를 만들 거야'라는 담대한 포부를 가지기 마련이다. 내가 만들 브랜드는 값싼 비지떡이 아닐 테니까 말이다. 하지만 실무경험이 쌓이게 되면 이 가격경쟁이 얼마나 치열하고 무서운지 몸소 깨닫게 된다. 나도 모르게 몇 백원의 원가 차이로 생산처와 싸우게 되고 수수료율에 대해 협력업체와 소수점 단위로 옥신각신하며 몇 백원 싸게 내놓으라는 대형할인점 MD의 요구에 스트레스를 받고 있는 나를 만나게 된다.

나는 이렇게 몇 백원 때문에 밤잠을 설치는데 어떤 기업에서는 말도 안 되는 저가정책으로 시장을 석권하고 있다. 알게 모르게 무시했던 가격만 싼 속칭 '비지떡'들이 이렇게 명성을 떨치는 이유는 자본주의 시장경제가 자본을 매개로 유지되는 시스템이다 보니 저가격이라는 경제적인 차별화, 즉 경제성이 강력한 무기가 되기 때문이다.

경제성 차별화의 정석, 다이소

다이소는 청소용품, 주방용품, 생활소모품 등 특별할 것 없는 생활용품들을 파는 소매점이다. 독특한 상품도 획기적인 마케팅도 없다. 그렇다고 판매하는 상품에 특별한 기능이 있는 것도 아니다. 다이소에서만 살 수 있는 독점상품도 극히 드물다. 하지만 다이소는 현재 대한민국 생활용품 소매시장을 석권하고 있다.

1992년 아성산업으로 출발한 이 기업은 2022년 현재 전국에 1,300여 개의 매장을 운영 중이고, 2020년 기준 연 매출 2.4조원의 거대기업이 되었다. 수도권의 웬만한 지하철 역 주변에 커다란 다이소 매장이 있을 정도로 접근성, 매장 수, 상품의 다양성 등을 다이소의 성공요인으로 꼽지만, 실질적인 성공요인은 압도적인 가격경쟁력에 있다.

다이소의 상품 가격은 아무리 비싸봤자 5천원을 넘지 않는다. 위생백, 문구류, 세탁망 등 웬만한 생활소모품은 천원 정도의 가격이

다. 다이소는 어떻게 그 파괴적인 가격을 구현해 냈을까? 그리고 이런 파괴적인 가격정책이 정말 다이소를 생활용품시장의 초강자로 만들어 준 것일까? 그 답은 경제성 차별화를 통해 저렴한 가격에 판매되는 합리적인 품질의 상품 덕분이라고 할 수 있다.

가격경쟁력이 승패의 요인이다

———

제품수명주기_{PLC, Product Life Cycle}상 도입기나 성장기 초기에는 특정 브랜드 혹은 몇몇의 브랜드들이 독과점으로 시장을 견인한다. 그만큼 경쟁 강도도 약하고 차별화 요소도 많으며 그에 따라 매출이익도 많다(초기 마케팅비용이 높은 경우 영업이익은 없을 수도 있다). 그러나 시장이 성장함에 따라 자연스럽게 경쟁자들이 늘어나고 회사의 차별화 요소가 약해지면 매출이익률도 감소할 수밖에 없다. 때때로 출혈경쟁이 일어나고 치킨게임이 벌어지기도 한다. 결국 성숙기나 쇠퇴기에 접어들면 여타의 차별화 요소가 사라지면서 가격경쟁이 주요 경쟁전략이 되는 경우가 많다.

정·반·합의 변증법처럼 시장의 많은 상품과 서비스 카테고리들이 이러한 제품수명주기의 경쟁구도에 따라 태어나고 싸우고 사라진다. 즉, 아무리 차별화 요소가 강해도 어떤 상품이든 어떤 서비스든 가격경쟁을 준비해야만 한다는 의미이다. 독특한 상품과 임팩트 있는 마케팅도 좋지만 가격경쟁력 구축이 마케터의 기본자세임을 강조할 수밖에 없는 이유다.

동네에서 음식 장사를 하든 글로벌시장에서 반도체로 경쟁하든 비즈니스의 기본은 원가절감이다. 쉽게 말해 장사의 기본은 상품, 원재료, 부재료, 인건비 등의 원가가 싸게 먹혀야 한다는 것이다. '비싸게 사서 비싸게 팔면 될 거야'라는 생각은 마케팅뿐만 아니라 비즈니스 세계에서는 순진한 생각이다. 원재료와 부재료를 비싸게 구매하면 그것은 되돌릴 수 없는 '사실'이 된다. 하지만 향후에 '비싸게 팔겠다'는 것은 실현된다는 보장이 없는 미래의 '가정'일 뿐이다. 이처럼 구체적인 사실을 무시하고 추상적인 가정에 자원을 투입하는 것은 리스크가 매우 큰 행동이다.

부동산 시장의 예를 들어보자. 다른 조건이 모두 같다고 가정할 때, 현 시세 1억원짜리 집을 1억원에 사서 1년 내에 1억 3,000만원에 되파는 것보다 9,000만원에 사서 1억 2,000만원에 되파는 것이 부대비용을 감안하더라도 실제 이익률 면에서는 훨씬 유리하다. 실제적인 계산은 생략하고 볼 때 전자가 양도세는 약 10만원 정도 적지만 거래수수료·인지대 등 부대비용에서는 후자가 약 25만원 정도 저렴하다. 무엇보다 1억 2,000만원에 파는 것이 가격적으로 유리하기 때문에 거래가 빨리 성사될 가능성도 높다.

같은 3,000만원 차익이라도 싸게 사서 남들보다 좀 싸게 파는 것이 비용 측면에서나 현금화 측면에서도 이익인 것이다. 따라서 일단 1억원짜리 집을 9,000만원에 사려는 노력이 먼저 선행되어야 한다. 물론 1억원짜리 집을 1,000만원 깎아서 사는 것은 쉬운 일이 아니다. 하지만 그런 일은 현실에서 얼마든지 가능하다. 이처럼 장사의 기본이 비싸게 파는 것보다 싸게 사는 것이 먼저임을 알고 있는 수많은 사람들이 비즈니스 세계에서 인정받고 있다.

상대방에게 현금 결제 등 좋은 조건이나 혜택으로 원가를 줄이는 등 유리한 조건을 획득한 사람들이 경쟁자를 압도하는 가격경쟁력으로 시장을 석권하게 된다. 물론 초기에는 원가가 조금 비싸도 차별화를 무기로 비교적 고가에 판매가 가능하고 그것이 다시 투자로 이어질 수 있다. 하지만 이런 고가전략은 영원하지 않다. 반드시 다른 경쟁자가 더 낮은 가격을 들고 시장에 들어오기 때문이다. 경쟁자들 간의 제품과 서비스의 차별화가 옅어져서 가격경쟁이 주요 경쟁요소로 굳혀진 상태를 무차별^{Commodity} 시장이라고 표현한다. 원래 commodity란 말은 일상용품·필수품이라는 의미로, 예로 든 다이소가 이런 commodity 상품을 판매한다. 다이소는 분명 이런 commodity 상품에서 경제성이라는 차별화를 구현해 냈다. 바로 이러한 차별화는 누구나 생각하지만 아무나 구현해 낼 수 없는 차별화 요소이다.

보통 가격적인 차별화는 규모의 경제^{Economy of Scale}를 통해 구축한다. 상품을 싸게 구매해서 경쟁력 있는 가격에 판매하고 판매물량이 증가하면 이러한 판매량을 토대로 구매력이 증가해 더욱 더 싸게 상품을 구매하는 선순환구조를 가지게 된다. 그런데 이는 매우 단순해 보이지만 실제로 구축하기는 어렵다. 구축하기 어렵기 때문에 강력하다. 그래서 마케터는 자신이 속해 있는 산업과 시장 그리고 자신이 담당하고 있는 상품과 서비스의 경제성, 즉 가격우위의 구조를 깊이 이해할 필요가 있다.

경제성 차별화가 어려운 세 가지 이유

———

2차세계대전에서 미국의 압도적인 생산력은 역사상 경악할 만한 수준이었다. 침몰하는 배보다 만들어 내는 배가 더 많았고 격추되는 전투기보다 만들어 내는 전투기가 더 많았다. 2차세계대전 동안 전쟁국가 전체 군수물자의 생산량 중 41%가 미국이 생산한 물자라는 연구결과가 있을 정도다. 추축국인 독일, 일본, 이탈리아 세 나라의 생산량을 합친 것보다 미국 한 나라가 생산한 군수물자 생산량이 2배 넘게 많았다고 한다. 매주 항공모함을 1척씩 건조하여 '주간 항공모함'이라는 별명도 생겼다. 전차의 전설로 불리며 당시 최강의 전차라고 평가받던 독일의 티거전차가 1,300대 생산될 동안에 미국의 주력전차인 M4 셔먼전차는 5만 대 가까이 생산되었다. 독일과 치열하게 싸웠던 유럽 서부전선, 인류 역사상 가장 최악의 전쟁이라고 불리울 정도로 수많은 인명과 물자가 소비되었던 독일·소련의 유럽 동부전선, 일본 제국주의와 인류 역사상 가장 넓은 전선을 구축하며 치열하게 싸웠던 태평양 전쟁 등 거의 전 세계를 아우르는 전투지역에 미국의 전쟁물자는 끊임없이 보급되었고, 결국 최후의 승자는 미국이었다.

전쟁에서 보급은 제일 중요한 성공요인이다. 보급이 먼저 끊기는 쪽이 지는 것이고 물량 앞에는 장사가 없다. 수많은 전략 전문가들이 대체로 동의하는 말이 있다.

'알고도 못 막는 전략이 제일 무서운 전략이다.'

마케팅 전쟁에서 물량에 해당하는 속성이 바로 경제성이다. 알아도 대처에 속수무책인 전략이 경제성 차별화이며, 누구나 할 수는 있지만 아무나 할 수 없는 전략이 경제성 차별화 전략이다. 그 핵심적인 이유는 세 가지를 꼽을 수 있다.

첫 번째로 저가격 전략을 통한 경제성 차별화에는 대규모의 자본이 필요하다. 직접 공장에서 제조를 하든 OEM 등을 통해 구매를 하든 일단 판매물량이 확보되어야 한다. 만약 자체 공장에서 직접 제조를 한다면 감가상각비, 임대료, 이자비용, 인건비 등 고정비를 감당할 수 있는 판매물량이 확보되어야만 저가격 전략이 가능하다. OEM 등으로 상품을 구매하는 것이라면 낮은 상품 단가를 확보할 수 있는 구매물량을 거래처에 보장해 주어야 한다. 이렇게 판매물량이나 구매물량을 확보하기 위해서는 막대한 자본이 들어가기 마련이어서 아무나 쉽게 뛰어들지 못하는 것이다. 이미 사업을 오랜 기간 성공적으로 지속해온 기업이거나 외부로부터 큰 투자를 받은 기업이 아닌 이상 저가전략을 시행하기 위한 자본을 마련하는 것은 쉬운 일이 아니다.

두 번째는 경제성 차별화의 구축과정 혹은 구축 직후에 발생할 수 있는 리스크가 크다는 것이다. 일부 기업에서는 미래원가라는 개념을 사용하기도 한다. 지금은 판매물량이나 구매물량이 충분치 않지만 적극적인 마케팅활동을 통해 향후 일정 기간 내에 목표로 하는 판매물량을 확보한다면 적용할 수 있는 원가라는 의미이다. 즉, 미래에 획득할 것으로 예측되는 원가를 현재의 시장판매가에 적용하여 경제성 차별화를 처음부터 구축하는 개념이다. 하지만 이는 특정한 시기에 목표로 하는 판매량을 달성한다는 보장이 없기 때문에 듣기에는 그럴 듯 하지만 엄청난 리스크를 감당해야 한다. 또한 목표로 하는 판매량을 달성한다고 해도 미래원가를 실제로 확보한다는 보장도 없다. 심하게 말하자면 도박에 가까운 리스크라고도 할 수 있다.

세 번째는 현금흐름 확보의 어려움이다. 돈은 시간이 지날수록 그 가치가 떨어진다. 아무리 이익률이 높다고 해도 그 수익이 실현되는 주기가 길다면 실제 가치는 떨어질 수 있다. 미래에 아무리 높은 수익이 예상되더라도 현재 좀 더 싸게 많이 팔아 현금흐름을 창출하는 것이 더 낫다는 것이다. 따라서 경제성 차별화를 하려면 상품군 자체의 판매주기가 빨라야 한다. 우리가 주변에서 흔히 보는 경제성 차별화를 구축한 기업이나 브랜드는 소비순환이 빠른 생활용품·식료품·의류 등 일상용품인 경우가 많다. 판매주기가 짧은 일상용품은 저관여상품이다 보니 소비자가 습관적으로 자주 구매를 하는 상품군이다. 이런 저관여 일상용품의 경우 경제성 차별화가 효과적이고 판매주기가 짧아 현금의 유입 등 자금흐름이 활발하게 운영된다. 그리고 이에 따라 안정적인 기업 운영이 가능해지며 실패할 가능성이 그만큼 줄어 들게 된다.

"

경제성 차별화는
누구나 생각하지만 아무나 구현해 낼 수 없는 차별화 요소이다.
경제성 차별화가 어려운 이유는
첫째, 대규모 자본이 필요하고
둘째, 가격경쟁이라는 리스크가 크고
셋째, 현금흐름 확보가 어렵기 때문이다.

"

경제성 차별화의
장점

이처럼 경제성 차별화를 확보하는 데에는 다양한 어려움이 존재한다. 그리고 이러한 어려움을 극복한 소수의 브랜드가 경제성 차별화의 과실을 따먹게 된다.

경제성 차별화로 얻게 되는 세 가지 장점

첫 번째 경제성 차별화의 장점은 시장의 치열한 경쟁에서 든든한 방어막을 형성해 준다는 것이다. 소비자들의 구매자금이 한정된 이상 경제성 이슈는 항상 있지만 일정 수준의 수요 역시 항상 있다. 그만큼 안정적인 판매량을 확보할 수 있다. 따라서 경제성 차별화를 구축하면 경쟁자가 강한 공격을 해도 정면으로 승부할 수 있는 충분한 여력이 생긴다. 또한 뒤에서 설명하겠지만 일단 경제성 차별화로 브랜드 이미지를 먼저 구축하면 실제로 가장 저렴하지 않아도 판매량을 확보할 수 있다.

두 번째로 거래처 등 관계사에 대해 확실한 협상력을 확보할 수 있다. 경쟁이 존재하는 시장에서 개별기업의 최종 목표는 독점이다. 독점은 소비자 판매 측면뿐만 아니라 거래처와의 관계에 있어서도 우월적 협상력을 발휘한다. 경제성 차별화를 통해 제품 판매가 증가하면 거래처에 대한 협상력이 올라간다. 판매물량이 많아진다는 것은 우리 회사에 대한 거래처의 의존도가 높아진다는 의미이고 이를 통해 협상에서 유리한 고지를 점할 수 있다.

이러한 협상력을 바탕으로 경쟁사보다 좋은 조건으로 상품이나 원·부재료를 획득할 수 있다. 삼성전자, 현대기아차, 포스코 등 대기업의 경우 구매물량이 협력업체의 매출에서 차지하는 비중이 압도적이다 보니 거래처에 강력한 협상력을 발휘할 수 있다. 하지만 이러한 협상력이 잘못된 방향으로 흘러 가면 갑질이니 단가 후려치기니 하는 부정적인 결과가 발생할 수도 있다. 거래처의 매출에서 우리 회사의 비중이 높고 거래처에 대안이 없거나 약하다면 우리가 협상의지를 내비치는 것만으로도 거래처는 큰 리스크로 작용할 가능성이 크기 때문이다. 또 이러한 거래처에 대한 강한 협상력은 경쟁사의 진입을 어렵게 하는 측면도 있다.

세 번째는 경제성 차별화로 소비자들의 머릿속에 '합리적인 가격' 또는 '저렴한 가격'을 제공하는 기업으로 인식된다면 상대적으로 외부의 부정적 이슈에서 자유로울 수 있다. 여론은 자극적인 이슈에 민감할 수밖에 없다. 첨가물·원재료 같은 안전성 이슈, 허위 과대광고와 같은 기능성 이슈, 오너의 갑질에 따른 오너 이슈 등은 언제나 언론에게 좋은 취재거리이고 언론 영향력의 원천이다. 언론은 국민이 민감하게 반응할 수밖에 없는 이슈를 더 크게 보도하고 더 깊게 취재하고 또 국민은 그런 기사에 더 민감하게 반응한다. 하지만 경제성 차별화는 상대적으로 이슈에 민감하지 않은 편이다. 소비자가 경제성 차별화를 가진 상품을 구매하는 이유는 명확하다. 저렴하기 때문이다. 싸게 구입한 제품이기 때문에 안전성·기능성에 불편이 생겨도 고객들은 그 불편함을 감수할 여지가 있는 것이다.

우리 회사가 구축한 경제성 차별화가 흔들리려면 경쟁사가 더 강한 가격경쟁력으로 공격해야 하지만 앞서 설명했듯이 그건 결코 쉬운 일이 아니다. 따라서 경제성 차별화는 경영 및 브랜드 운영을 안정적으로 할 수 있게 해주는 주요한 요인 중 하나이다.

"

가격을 통한 경제성 차별화는
구축하기 어려운 차별화이고
그만큼 강력한 차별화 방법이다.
경제성 차별화는 언젠가 닥칠 가격경쟁에서 강한 무기가 되고
거래처에 강한 협상력을 확보할 수 있으며
외부 이슈에 잘 흔들리지 않는다.

"

03

경제성 차별화의
목표

브랜드를 먼저 떠오르게 하라

———

경제성 차별화를 하는 과정에서는 경쟁사나 대체재의 가격 전략에 민감할 수밖에 없다. 경쟁사는 언제든 가격을 낮추어 우리 회사를 압박할 수 있다. 장기적인 관점에서 경제성 차별화를 이루는 것은 어렵지만 일시적인 가격인하는 가능하기 때문이다. 가격인하는 기술개발이나 디자인처럼 어려운 것이 아니다. 경쟁사가 의사결정만 한다면 일시적으로 손해를 보더라도 자신들의 제품 가격을 낮추어 판매하는 것이 가능하다. 문제는 경쟁사가 언제 어떤 방식으로 가격을 낮추는지 알기 어렵다는 것이다. 그리고 경쟁사의 가격인하 효과는 즉각적으로 나타나기 때문에 기업은 늘 경쟁사 혹은 대체재의 가격전략에 민감한 것이다.

그래서 기업은 모든 브랜드 카테고리, 모든 제품과 서비스에서 최저가격을 구축하기 위해 애를 쓰고 있다. 물론 이렇게 최선의 가격을 형성하려는 노력은 반드시 필요하다. 하지만 경제성 차별화는 모든 카테고리의 모든 개별 제품에서까지 최저가를 실현할 필요도 없고 실현할 수도 없다.

경제성 차별화의 목표는 소비자의 머릿속에 '이 브랜드는 가격이 저렴한 편이고 이 브랜드를 사면 손해 보지 않는다'라는 이미지를 심어주는 것이다. 즉, 저렴하고 합리적인 가격의 브랜드를 생각할 때 우리 회사의 브랜드를 가장 먼저 떠오르게 만드는 것이 목표인 것이다.

퍼포먼스가 필요하다

이런 이미지를 심어주기 위해서는 실제로 낮은 가격을 유지하는 것도 중요하지만 브랜드 이미지를 견인하는 강한 임팩트를 가진 퍼포먼스가 필요하다. 이러한 퍼포먼스 구현을 위해 압도적으로 저렴한 가격을 자랑하는 대표상품Killer Contents을 내세우거나 일정 기간 강한 임팩트를 가진 프로모션 등을 진행하기도 하고 일부 유통업체에서는 최저가보상제를 실시하기도 한다.

이처럼 경제성 차별화의 목표는 소비자의 머릿속에 '합리적인 브랜드' '손해 보지 않는 브랜드'라는 이미지를 심어주는 것이다. 그리고 그러한 목표를 달성하기 위해서는 모든 상품의 카테고리에서 최저가를 실현하는 것보다 실질적인 대표상품을 홍보하거나 특정기간

을 지정하여 최저가를 제공할 수 있는 소비자정책을 시행하는 등 소비자의 인식 속에 강한 임팩트를 심어줄 수 있는 마케팅활동이 효과적일 수 있다.

경제성 차별화의 목표는
'합리적인 가격대' '손해 보지 않는 브랜드'라는 이미지를
소비자의 머릿속에 심어주는 것이며,
이를 위해 가격 측면에서 강력한 마케팅활동이 필요하다.

"

04 경제성 차별화의 두 가지 방법

경제성 차별화를 위해서는 품질을 유지하는 선에서 가능한 한 원가를 낮춰 판매가를 낮추려는 노력이 필요하다. 하지만 최저가를 항상 유지하는 것은 매우 어렵다. 경제성 차별화는 가장 저렴한 가격을 제공하는 '절대가격 차별화'와 유사한 품질의 상품집단에서 가격경쟁력을 내세우는 '가격 대비 성능 차별화'의 두 가지 방법으로 달성할 수 있다.

절대가격 차별화

개당 가격 혹은 단위^{Unit}당 가격 측면에서 차별화하는 방법이다. 말 그대로 우리가 마트에서 볼 수 있는 가격표에서 가장 저렴한 가격을 제시하는 방법이다. 개당 가격은 라면 1개에 300원, 우유 1팩에 500원 등 가장 저렴한 가격으로 승부하는 방법이고, 단위당 가격은 중량·길이·부피 등 일정 단위에서 가장 저렴한 가격을 제시하는 방법이다. 본질적으로는 단위당 가격이 저렴한 것이 실질적으로 가장 저렴하다고 할 수 있다. 모든 소비자가 합리적으로 가격을 판단할 수 있다면 누구나 g당 가격, ml당 가격, m당 가격을 비교할 것이다. 하지만 소비자들은 구매과정에서 이러한 비교의 과정을 철저하게 거치지 않는다.

최근 소매점에서도 단위당 가격의 표시를 많이 하고 있는데, 여기서 소위 '장사의 기술'이 발휘되곤 한다. 소비자의 구매과정은 본능적으로 내가 가지고 있는 돈의 지출을 최소화하고자 하는 심리가 있다. 따라서 당장의 지출을 최소화할 수 있는 것을 선호할 수밖에 없다. 그런데 비록 g당 가격이 가장 저렴한 상품이 있어도 개당 가격이 더 저렴한 것이 더 매력적일 수 있다. 그렇다 보니 판매자는 중량·부피·길이 등 단위를 줄이고 동시에 판매가도 낮추면서 절대가격 경쟁력을 확보하게 된다. 경쟁사가 두부 500g을 5,000원에 판매한다고 할 때 우리가 같은 가격으로 영업이익을 확보할 수 없다면 두부 중량을 300g으로 줄이고 3,990원에 판매하는 것이 절대가격 경쟁력을 확보할 수 있는 방법이라는 것이다. 1인가구가 증가하고 가정 취식이 줄어드는 현 상황에서 이렇게 중량을 줄이고 절대가격 경쟁력을 확보하는 것은 매우 효과적인 방법일 수 있다.

이런 절대가격 경쟁력은 가격인상 요인이 발생할 때도 매우 광범위하게 사용된다. 원·부재료, 인건비 등의 증가로 인해 가격인상이 불가피할 때에는 제품의 중량이나 부피 등 단위^{Unit}를 줄이고 가격인상 폭을 최소화하는 방법, 즉 절대가격 인상률을 최소화하는 방법을 사용할 수 있다. 이러한 절대가격 경쟁력 확보방안이 광범위하게 사용된 결과, 과자의 중량은 점점 줄어들고 삼겹살 1인분은 어느새 200g이 채 되지 않으며 치약은 칫솔과 크기가 비슷한 지경까지 오게 되었다.

절대가격 경쟁력은 매우 중요한 사항이다. 마케터라면 절대가격의 두 영역인 '개당 판매가'와 '단위당 판매가'에 대해 정확히 이해해야 한다. 특히 자신의 상품이나 서비스가 일반 대중을 타깃으로 하는 B2C 소비재라면 단위당 판매가에서 경쟁력을 확보하려는 노력과 함께 개당 판매가에서 경쟁력을 확보하는 것이 무엇보다 중요하다는 것을 이해해야 한다.

가격 대비 성능 차별화

최근 몇 년 사이에 이른바 '가성비'라는 것이 매우 광범위하고 중요한 개념으로 사용되고 있다. 가성비는 '가격 대비 성능'의 줄임말로, 샤오미 등 중국산 전자제품으로 인해 확산되었고 이제는 거의 모든 상품군에서 사용되고 있다. '가성비로는 이 브랜드가 앞선다. 저 브랜드가 앞선다'라며 블로그나 SNS 등을 통해 '가성비 우수'라는 바이럴은 오늘도 퍼지고 있다. 그만큼 가성비는 경제성 차별화에서 매우 중요한 요소다. 물론 가성비가 좋다고 해서 절대가격이 경쟁력 있다는 의미는 아니다. 가성비 좋은 상품보다 훨씬 더 저렴한 상품은 얼마든지 존재한다. 따라서 가성비는 절대가격 경쟁력을 구축하여 경제성을 차별화하는 방법과는 또 다른 영역이다.

가성비 측면에서 경제성 차별화를 구축했다는 것은 품질적으로 크게 떨어지는 부분 없이 가격적으로 매우 매력적이라는 것이다. 즉, 일정 수준의 가격을 받을 수 있다는 의미인 것이다. '가성비'가 좋은 상품·서비스로 고객에게 인지된다는 것은 '싼 게 비지떡'이라는 부정적 이미지에서 벗어나 브랜드의 관점에서든, 재무적인 가치 측면에서든 매우 매력적일 수밖에 없다.

그런데 이 '가성비'라는 가격 차별화 방법에는 전제가 있다. 바로 비교 대상의 존재이다. '가성비'가 좋다는 것은 비교대상이 되는 '특정 브랜드'와 비교했을 때 나올 수 있는 이야기다. 절대가격 경쟁력이 그 상품군에서 절대적으로 저렴한 가격이라면 가성비는 그 상품군에서 다른 브랜드와 비교했을 때 비슷한 성능이나 품질인데 가격은 저렴한 경우라고 할 수 있다. 따라서 가성비 측면에서 경제성 차별화를 구축하려면 우리 상품·브랜드와 비교대상이 될 수 있는 브랜드를 명확하게 설정하는 것이 중요하다. 광고 규제 탓에 경쟁사를 직접적으로 언급하는 비교광고가 불가능하긴 하지만 다른 방법을 통해서라도 가성비 관점의 차별화를 위해서는 우리 브랜드와 비교대상 브랜드가 무엇인지 소비자의 마음속에 반드시 심어줘야 한다.

그리고 우리 브랜드와 비교대상인 경쟁 브랜드를 설정했다면 경쟁사의 브랜드 또는 상품을 소비자가 은연중에 비교할 수 있도록 유사한 디자인, 유사한 광고 메시지와 분위기, 유사한 제품명, 유사한 기능 등을 마케팅활동을 통해 전달해야 한다. 샤오미가 그랬듯이!

의도적으로 타깃 브랜드를 잘 설정해 가성비 차별화에 성공한 것이 바로 '차이슨'이다. '차이나+다이슨'의 합성어로, 중국산 가전제품 브랜드인 샤오미·화웨이·하이얼 등이 대표적인 '차이슨' 브랜드들이며, 공기청정기·스마트폰·체중계·청소기 등이 대표상품이다. 가전제품 카테고리에서 품질(기능성)로 독보적인 브랜드 이미지를 구축한 다이슨과 비교하여 가성비를 강조하는 신조어인 것이다. 이처럼 '차이슨'은 가성비 차원의 경제성 차별화를 구축하기 위해 기업이 타깃 브랜드와 유사하게 제품의 아이덴티티를 설정하는 사례를 가장 잘 설명하는 신조어라고 할 수 있다.

만약 당신의 브랜드를 가성비 좋은 브랜드로 성공시키고 싶다면 무엇을 먼저 해야 할까? 무엇보다 먼저 당신의 타깃 브랜드가 무엇인지 정해야 한다. 그러면 해야 할 일이 뚜렷하게 보일 것이다.

05

경제성 차별화의 구축방법

킬러 콘텐츠는 집안의 기둥

가격이 저렴하다 → 판매량이 많아진다 → 상품, 원·부재료 매입가가 저렴해지고 고정비의 효율성이 높아진다 → 원가율이 낮아진다 → 이익률이 높아진다 → 가격인하 여력이 생긴다 → 가격을 추가인하한다 → 판매량이 더 많아진다.

경제성 차별화를 위해서는 이러한 선순환구조의 시스템을 구축하는 것이 필요하고, 이 시스템의 핵심에는 핵심상품 또는 핵심서비스가 있어야 한다. 이러한 핵심상품이나 핵심서비스를 킬러 콘텐츠Killer Contents라고 부른다. 킬러 콘텐츠는 '신뢰성' 또는 '편의성'이라 불리는 5CORE의 다른 속성에서도 중요한 역할을 하지만, 경제성 차별화에서 킬러 콘텐츠는 시스템의 핵심이라는 점에서 더욱 더 중요하다.

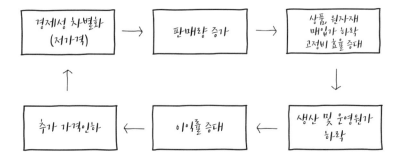

경제성 차별화는 하루아침에 이루어지지 않는다. 무턱대고 저가격으로 승부를 하다간 과다출혈로 먼저 희생양이 될 확률이 대단히 높기 때문이다. 출혈에도 불구하고 끊임없이 자원을 모아주는 킬러 콘텐츠가 중요한 이유이다.

거의 모든 비즈니스에서, 특히 경제성을 무기로 하고자 한다면 사업을 궤도에 올리는 활동은 곧 킬러 콘텐츠를 만드는 과정이라고 해도 과언이 아니다. 킬러 콘텐츠를 통해 우리 회사의 제품이 경제적이라는 이미지를 심어주고, 킬러 콘텐츠를 통해 수익을 확보하며, 킬러 콘텐츠를 통해 현금흐름을 창출할 수 있다. 우리가 알고 있는 많은 브랜드들이 킬러 콘텐츠를 활용해 사업 초기에 경제성 차별화를 이룰 수 있었다.

샤오미의 보조배터리나 이어폰, 공기청정기 등이 가장 대표적인 예이다. 그리고 다이소의 세탁망과 주방용기, 유니클로의 후리스·다운자켓·히트텍 등도 마찬가지로 각 브랜드의 킬러 콘텐츠들이다. 킬러 콘텐츠는 고객들의 머릿속에 경제적이라는 이미지를 만들어 낼 뿐만 아니라 사업의 성장·확대를 위한 판매량, 즉 매출을 확보하여 마케팅이나 영업비용을 낮추는 역할을 한다. 또한 구매원가나 제조원가를 낮추며 심지어 일반관리비까지 보전하는 수익창출원이 된다. 이러한 비용절감을 통해 더욱 강한 경제성 차별화를 공고히 한다.

킬러 콘텐츠를 통한 경제성 차별화는 작은 비즈니스에서도 강한 힘을 발휘한다. 제조업이 아닌 쇼핑몰 등 온라인 사업의 경우에도 킬러 콘텐츠를 만드는 일은 매우 중요하다. 온라인 쇼핑몰의 경우 다양한 상품을 판매하다 실적이 부진하면 또 다른 상품을 새롭게 판매하곤 한다. 하지만 이러한 행위는 킬러 콘텐츠 구축이라는 측면에서 바람직한 행위가 아니다. 상품 구색을 늘리는 것보다는 메인 상품을 최대한 많은 채널에 개척하는 방식을 통해 판매량을 극대화할 필요가 있다. G마켓, 옥션, 11번가, 쿠팡, 티몬, 위메프, 각종 폐쇄몰, 자사몰, 전문몰까지 판매채널을 최대한 먼저 넓혀야 한다. 그래야 판매량을 보장할 수 있는 킬러 콘텐츠를 탐색하고 육성할 수 있기 때문이다. 판매상품의 종류를 늘리는 건 그 다음이다.

이렇게 판매채널을 먼저 확보하고 상품을 테스트하다 보면 킬러 콘텐츠가 될 만한 유망상품을 발견할 수 있다. 그리고 나만의 킬러 콘텐츠라 부를 수 있을 정도로 특정 상품의 판매량이 확보된다면 협상을 할 수 있는 힘이 생긴다. 많은 물량을 판매할 수 있으니 거래처에게 해당 상품의 구매단가를 인하해 달라는 협상을 요구할 수 있다. 판매물량이 많아지면 택배사에 물류비용(택배발송비용)의 단가인하 협상을 할 수 있다. 그리고 포장박스 등 부자재의 가격도 협상을 통해 인하할 수 있다. 단 하나의 킬러 콘텐츠만 가지고 있어도 어느새 저렴한 가격을 무기로 하는 파워 있는 온라인 비즈니스를 수행할 수 있는 것이다.

따라서 경제성 차별화를 달성하는 것은 킬러 콘텐츠를 구축하는 과정이라고 해도 과언이 아니다. 물론 킬러 콘텐츠를 구축하는 과정에는 해결해야 할 문제도 많고 이를 해결하기 위한 시간도 오래 걸린다. 하지만 그 과정을 통해 자신만의 킬러 콘텐츠를 만들어 내야 한다. 다시 한 번 강조하지만 경제성 차별화의 핵심은 킬러 콘텐츠를 만들어 내는 것이다. 이유가 뭐냐고 묻는다면 이렇게 대답하겠다. 원래 한 집안은 기둥 한 명이 먹여 살리는 법이다.

싸게 판매하는 정당한 사유를 보여줘라

모든 컨셉에는 그 컨셉을 소비자가 납득할 수 있는 이유, 즉 RTB^{Reason To Believe}가 필요하다. 경제성 차별화도 엄연한 컨셉이다 보니 당연히 RTB가 필요하다. 단순히 '가격이 싸다' '가성비가 좋다'라는 구호만으로는 소비자를 납득시킬 수 없다. 소비자들이 고개를 끄덕일 만한 사유가 없다면 '싼 게 비지떡'이 될 수밖에 없다. 우리 회사의 제품과 서비스를 저렴하고 합리적인 가격에 제공할 수 있는 확실한 이유를 소비자에게 전달해야 한다.

내가 어떤 상품이나 서비스를 남들보다 저렴하게 공급할 수 있다면 그건 분명히 어떤 이유가 있을 것이다. 그 이유를 소비자들이 이해할 수 있는 언어로 전달해야 한다. 이것이 경제성 차별화의 '컨셉'이다.

여기저기 가격비교 사이트가 넘쳐나고 너도나도 최저가를 외친다. 하지만 실제로 구매할 때마다 가격을 비교하는 경우도 많지 않고 최저가라는 말을 곧이곧대로 믿는 소비자도 많지 않다. 따라서 우리 제품이 저렴한 가격을 유지할 수 있는 제대로 된 RTB를 제공하지 못한다면 소비자들은 오해를 할 수밖에 없다. 소비자들은 저렴한 가격에는 저렴할 수밖에 없는 '꼼수'가 있을 것이라고 생각한다. 하지만 RTB가 탄탄하고 컨셉이 명확하며 실제로도 저렴한 가격을 제공한다면 그 브랜드는 '손해 보지 않는 브랜드' '합리적인 브랜드'로 인식될 확률이 높다.

경제성 차별화의 RTB로 사용되는 몇몇의 매뉴얼 같은 용어들이 있다. '유통경로의 단순화' '생산과정의 최소화' '생산자동화' '직납' '직판'과 같은 용어들이다. '직판 전문 여행사'라는 컨셉으로 상당한 성과를 거둔 여행사가 있다. 직판이라는 단어는 뭔가 유통과정의 거품을 걷어내고 합리적인 가격으로 서비스를 제공한다는 뉘앙스를 준다. 하지만 이 여행사에는 100% 직판 여행상품만 있는 것이 아니다. 또한 직판 여행상품을 취급하는 여행사가 이 여행사만 있는 것도 아니다. 하지만 '직판'이라는 직관적인 컨셉은 소비자에게 강한 이미지를 심어주기에 충분하다. 또한 '직판 여행사'가 아닌 '직판 전문 여행

사'라는 컨셉은 직판 여행상품이 아닌 상품에도 소비자가 양해할 수 있는 공간을 마련해 둔다. 그리고 결과적으로 매우 효과적인 컨셉이 되었다.

경제성 차별화는 사업 초기부터 기획해야 한다

원칙적으로 모든 상품과 서비스의 컨셉은 일관성이 있어야 한다. 경제성 차별화도 마찬가지다. 이 컨셉 저 컨셉 하다가 안 되어 마지막으로 가격으로 승부를 걸어보는 마지막 선택이 아니라는 것이다. 우리가 가격으로 차별화하고 이를 보증하는 명확한 RTB가 있으며 실제로도 저렴한 가격에 제공하려면 사업 초기, 런칭 초기부터 경제성 차별화를 사업의 목표 중 하나로 설정해 놓아야 한다.

예전에는 고가였다가 시간이 지남에 따라 점점 가격으로 차별화 (가격인하)하려는 일관적이지 않은 컨셉은 효과를 발휘하기 어렵다. 다른 차별화와 마찬가지로 경제성 차별화도 처음 설계단계부터 치밀하게 기획되어야 한다는 뜻이다. 다른 속성에서의 차별화를 시도하다 실패하고 마지막 선택으로 가격 차별화를 통해 시장에서 경쟁하려고 하면 경제성 차별화 시스템을 구축하기도 어렵거니와 소비자 머릿속도 혼란스러워진다. '이렇게 싸게 팔 수 있었다면 예전에 비싸게 팔았던 건 폭리를 취한 거였나?'라는 인식을 심어줄 수 있고 품질에 대한 의구심을 품게 만들 수도 있다. 그야말로 '싼 게 비지떡'이 될 확률이 높다는 의미다.

90년대 중후반에 학창시절을 보낸 독자들은 대부분 '인터크루'라는 브랜드를 알고 있을 것이다. 인터크루는 강한 색감과 독특한 디자인으로 많은 인기를 얻었다. 당시에는 용돈을 아끼고 아껴야 티셔츠 한 장 살 수 있었던 고가 브랜드였고, 또래 아이들 모두가 선망해 마지 않았던 일명 머스트해브^{must-have} 아이템이었다. 하지만 가격대가 점점 내려가다 어느새 할인마트의 매대에까지 판매되는 저렴한 브랜드가 되었다. 물론 기업운영 차원에서는 이렇게 가격대를 내리는 것이 어쩔 수 없는 선택이었을 수 있다. 하지만 그 당시 이 브랜드를 선망해 왔던 소비자들에게는 마트나 인터넷 쇼핑몰에서 이 브랜드를 볼 때마다 허망한 브랜드 가치의 하락과 함께 그 시절 왠지 '속았다'는 생각을 가지게 만들었다.

경제성 차별화는
하루아침에 이루어지지 않는다.
무턱대고 저가격으로 승부하기보다는
사업 초기부터 경제성 차별화를 사업의 목표로 설정하고
킬러 콘텐츠를 만들어
소비자가 납득할 수 있는 컨셉으로 접근해야 한다.

06 경제성 차별화의 사례

유니클로는 왜 광고에 가격을 표시하는가?

유니클로는 일본에서 탄생한 대표적인 SPA^{Speciality store retailer of} ^{Private label Apparel} 브랜드(상품을 직접 제조하여 유통까지 하는 전문소매점을 의미한다. 대량생산방식을 통해 제조원가를 낮추고, 유통단계를 축소시켜 저렴한 가격에 빠른 상품회전을 하는 것이 특징이다)로, 일본은 물론 한국에서도 합리적인 가격대와 무난한 디자인으로 큰 인기를 끌고 있다. 특히 히트텍과 후리스 등의 시그니처 라인은 강력한 브랜드 파워를 자랑하며, SPA 카테고리에서 독보적인 지위를 유지하고 있다. 그런데 유니클로의 광고를 보다 보면 독특한 형태가 눈길을 끈다. 바로 광고에 가격을 표시하는 방식이 그것이다.

유니클로 광고를 보면 가볍고 편안해 보이는 다운자켓을 열심히 설명하다 마지막에는 가격을 자막으로 보여준다. 그것도 매우 저렴한 가격으로! 하지만 그 가격이 국내 모든 쇼핑몰에서 판매되는 다운자켓 상품에서 최저가격이 아닐 가능성이 매우 높다. 그 가격을 보고 금방 구매욕구가 솟구치는 소비자가 많은 것도 아닐 것이고, 그 가격을 기억하는 소비자도 거의 없을 것이다. 그래도 유니클로는 꾸준히 광고 마지막에 제품 가격을 표시한다. 왜 그럴까?

바로 '합리적인 가격대' '손해 보지 않는 브랜드'라는 이미지를 지속적으로 심어주기 위함이다. 유니클로의 아이템들은 대부분 편안하게 입을 수 있는 일상복이다 보니 경제성은 큰 위력이 될 수 있다. 그러기 위해서는 그 브랜드가 가진 '가격대'에 대한 정보를 소비자의 머릿속에 심어줘야 한다. 가격을 기억하지 않더라도, 또 그 가격이 최저가가 아니더라도 '부담 없는 가격대'라는 인식 정도만 소비자에게 심어줄 수 있다면 경제성 측면에서 매우 탄탄한 기반이 될 수 있다. 유니클로가 광고를 통해 이 정도 디자인, 이 정도 기능, 이 정도 합리적인 가격대를 가진 브랜드라는 인식을 심어주는 역할을 기대했

다면 광고에서의 가격표시는 매우 효과적이라고 할 수 있다.

샤오미는 어떻게 가성비의 대명사가 되었는가?

2014년 여름 우리나라에 '대륙의 실수'라는 신조어가 유행했다. 그동안 조악한 품질의 제품만 만들던 중국이 실수로 품질도 좋고 디자인도 훌륭하고 가격까지 저렴한 제대로 된 제품을 만들었다는 의미로 '대륙의 실수'라는 별명을 붙였다.

그중 대표적인 것이 샤오미의 보조배터리다. 우리나라에서는 '애플 짝퉁' 브랜드 정도로만 알려졌던 샤오미의 실제 제품을 사용해 본 소비자들의 입소문을 타고 샤오미의 보조배터리는 티몬·위메프 등 국내 소셜커머스를 중심으로 판매가 되는 족족 완판되었다. 뒤이어 샤오미 이어폰, 블루투스 스피커, 공기청정기, 스마트 체중계 등 품목을 늘려갈 때마다 소비자는 엄청난 관심을 보였다. 이런 샤오미의 성공에 힘입어 화웨이, 하이얼 등 중국산 전자제품 브랜드들이 속속 한국에 상륙했고 이들의 훌륭한 품질은 기능성 전자제품 브랜드인 '다이슨'에 견줄 만하고 가격은 매우 저렴하다는 의미로 '차이슨'이라는 신조어가 생겨났다. 그리고 이제 샤오미의 제품은 가격 대비 성능, 즉 '가성비'의 대명사로 불리고 있다.

샤오미는 어떻게 이런 성공을 거뒀을까? 거의 이익을 보지 않고 판매하는 초저가, 박리다매의 성공이라는 평가도 있다(실제로 샤오미의 초기 영업이익률은 1%대였다). 하지만 인터넷 쇼핑몰을 뒤져보면 샤오미보다 더 싼 보조배터리, 이어폰들이 넘쳐난다. 단순히 가격만 싸다고 잘 팔린 건 아니라는 의미다. 기능과 품질이 담보된 상태에서 가격이 저렴한, 이른바 '가성비' 측면의 경제성 차별화가 핵심성공요인이라고 할 수 있다.

그렇다면 샤오미가 가진 기능과 품질의 기준은 무엇일까? 샤오미 제품의 가격이 저렴하다는 소비자들의 판단기준은 무엇일까? 그 비밀은 바로 '타깃 브랜드'에 있다. 샤오미는 의도적으로 초기부터 애플 등 글로벌 브랜드를 타깃으로 삼았다고 볼 수 있다(샤오미는 물론 부정하겠지만…). 디자인은 물론 다양한 기능까지 애플이나 삼성을 벤치마킹했다는 증거가 많다. 심지어 샤오미의 레이준 회장은 사업 초기에 애플의 스티브 잡스처럼 청바지와 검정색 셔츠를 입고 신제품 소개 프레젠테이션을 했을 정도이다('애플 짝퉁'이라는 조롱이 그냥 나온 것이 아니다). 그런데 '애플 짝퉁'이란 조롱 섞인 말이 샤오미에게 부정적인 영향을 미쳤을까? 절대 그렇지 않다.

레이준 회장이 단순히 스티브 잡스의 스타일을 따라 하고 싶어서 청바지에 검정색 셔츠를 입고 프레젠테이션을 한 것이 아니다. 샤오미는 의도적으로 사업 초기부터 애플을 타깃 브랜드로 삼은 것이다. 기능이나 품질은 애플처럼, 하지만 가격은 애플에 비해 매우 저렴하게('가장 저렴하게'가 아니다) 판매함으로써 사람들은 자기도 모르는 사이에 샤오미를 애플이나 그 경쟁사인 삼성과 비교하기 시작했다. 이제는 가성비 좋은 브랜드 하면 샤오미가 바로 떠오르는 수준이 되었을 정도로 샤오미의 전략은 대성공을 거두었다.

우리 회사 제품의 기능과 품질에 어느 정도 자신이 있고 가격도 저

렴하게 공급할 수 있다면 어설프게 기능과 품질을 내세우면서 경쟁 브랜드를 따라가지 말자. 차라리 확실한 타깃 브랜드를 정하고 확실히 가격으로 승부하는 가성비 차원의 경제성 차별화가 더 효과적일 수 있다. 마치 샤오미처럼!

"

유니클로는 광고에 가격을 표시함으로
'부담 없는 가격대'라는 인식을 심어주었고,
샤오미는 확실한 타깃 브랜드를 정하고
확실하게 가격으로 승부하는 가성비로 성공했다.

"

2장

CORE_2

기호성

좋은 건 나도 못 말려

01

기호성 차별화

"응암동에 사는 신민혁 씨는 매주 금요일마다 혼자만의 맥주 파티를 하는 것이 인생의 낙이다. 그렇다고 거창한 술상은 아니다. 맥주 캔 1팩에 집 앞의 옛날 통닭 집에서 파는 전기구이 통닭을 먹으면서 주중에 못 봤던 예능 프로와 드라마를 몰아서 보는 것으로 일주일의 피로를 푼다. 그런 그에게 고민이 있다. 요즘 하도 수입맥주가 잘 팔린다고 해서 수입맥주를 마셔보자고 마음 먹지만 막상 슈퍼에 가면 짙은 파란색 패키지로 포장된 국산맥주 카스를 집어 들고 만다. 왜 그런지 모르겠지만 그 파란색 패키지를 보고 있자면 왠지 시원하고 맛있을 것 같은 느낌이 든다. 그리고 맨날 카스만 마셔서인지 어쩌다 다른 맥주를 마셔보면 톡 쏘는 맛이 약하거나 너무 써서 '역시 내 입맛에는 카스가 딱이야'라는 생각이 든다. 그러다 보니 오늘도 민혁 씨는 고민을 한다. '왜 카스가 시원하고 맛있어 보이지? 왜 다른 맥주는 내 입맛에 안 맞지?'"

이 비밀을 풀어줄 5CORE의 두 번째 속성 '기호성'에 대해 이야기해 보자.

사람의 기호를 결정하는 오감

우리는 인생을 살며 어떤 것에 가장 많은 시간을 소비하며 보낼까? 물론 이런 질문에 답할 명확한 연구 사례는 찾기 힘들다. 하지만 우리가 '하루' 혹은 '일주일' 동안에 가장 많은 시간을 소비하는 활동을 분류해 보면 결과가 어떨까? 물론 일하거나 잠자는 시간이 가장 많을 것이다. 그렇다면 그 다음은? 식사를 하고 운동을 하고 좋아하는 TV 프로그램을 시청하는 정도의 시간일 것이다. 종합해 보면 사람들은 자신의 감각을 만족시키고 본능에 가까운 욕구를 충족시키는 활동에 대부분의 시간을 소비하며 살아간다.

이처럼 우리는 자신의 감각을 만족시키고 본능에 가까운 욕구를 충족시키기 위해 많은 소비활동을 집중하고 있다고 봐야 한다. 아침에 일어나서 향기 좋은 샴푸로 머리를 감고, 좋아하는 색상의 화장품으로 화장을 하며, 좋아하는 향수를 뿌리고, 자주 가는 카페에서 즐겨 마시던 커피를 사서 출근할 것이다. 이렇듯 사람들은 가격, 원료, 성분, 기능 이전에 자신의 기호에 따라 구매를 결정한다.

그럼, 사람의 기호를 결정짓는 요소들은 무엇이 있을까? 좋아하는 맛, 좋아하는 색, 좋아하는 향기, 좋아하는 음악 등 우리가 가진 대부분의 기호는 '오감'과 관련되어 있다. 사람이 어떠한 대상에 '호감을

가진다'고 하면 대부분 자신이 가진 감각을 만족시켜 주기 때문인 경우가 많다. 좋아하는 향수는 후각을 만족시킬 것이고 좋아하는 음식은 미각을 만족시킬 것이고 좋아하는 음악은 청각을 만족시킬 것이기 때문이다. 또한 자신의 가치관, 정체성 그리고 자존감과 같은 가치들도 기호의 형성에 큰 영향을 미친다. '나는 동물애호가이기 때문에 동물실험을 하지 않는 LUSH(러쉬) 제품만 사용한다'고 한다면 동물애호가라는 자신의 정체성과 부합되는 선택을 하는 경우라고 할수 있다. '나는 롤렉스 정도는 차고 다닐 수 있을 정도로 사회적·경제적으로 성공한 사람이다'라고 한다면 그 사람의 자존감과 연관된선택을 한 것이라고 할 수 있다.

기호는 천차만별이다

실제로 많은 기업과 브랜드, 하다 못해 동네 식당도 소비자의 기호를 사로잡기 위해 많은 노력을 한다. 광고는 물론이고 체험행사를 하기도 하고 무료시식회를 하기도 하며 배우나 가수 등 셀럽에게 협찬을 하기도 한다. 하지만 사람들의 기호를 알아내고 충족시켜 주는 것은 만만한 일이 아니다. 라면을 하나 끓이더라도 각자의 기호에 따라 수십, 수백 개의 레시피가 존재한다. 다 같은 넷플릭스 구독자라 하더라도 그 안에서 각자가 좋아하는 영상 콘텐츠의 종류는 드라마, 영화, 다큐멘터리 등 제각각이다. 가치관도 당연히 많은 부분에서 차이가 난다. 운이 좋아서 대부분의 사람들이 좋아하는 상품을 기획해 냈다 하더라도 그 상품은 꾸준히 지속되지 않는다. 이렇듯 사람들의 기호를 사로잡기란 여간 어려운 것이 아니다.

그렇다면 기업들은 왜 딱히 일관되지도 않고 별 차이도 없을 것 같고 꾸준하게 지속되지도 않는 기호를 만족시키기 위해 많은 자원을 투입하고 많은 상품을 출시하는 걸까?

"

사람은 자신의 감각과 가치관을 만족시키는 활동에
많은 시간을 소비하며,
오감과 가치관, 자존감 등을 충족시켜 주는 것이
기호성 차별화이다.

"

기호성 차별화의
장점

한 번 굳어진 기호성은 쉽게 바뀌지 않는다

기호성 차별화의 장점 중 첫 번째는 한 번 굳어진 기호는 잘
바뀌지 않는다는 것이다. 시장에는 엄청나게 많은 신제품이 쏟아
지만 예전부터 사랑받던 상품은 계속 사랑받을 가능성이 높다. 특히
소비자의 감각을 만족시키는 기호성 영역의 상품은 그 위력이 더욱
강하다. 따라서 한 번 기호성 측면에서 차별화가 구축되고 이것이 브
랜드 자산으로 이어지면 매우 강력한 경쟁력을 발휘한다. 아무리 가
격이 저렴해도, 아무리 구매와 사용이 편해도, 아무리 좋은 원료로
만들었더라도 한 번 고착화된 소비자의 취향은 쉽게 바뀌지 않는다.

아무리 꼬꼬면이 돌풍을 일으켜도 사람들은 결국 자신이 수십 년
을 먹어온 신라면이나 안성탕면을 찾게 마련이다. 허니버터칩이 아
무리 맛있더라도 수십 년을 먹어온 새우깡과 꼬깔콘은 사라지지 않

는다. 무더운 여름 편의점의 아이스크림 냉동고를 보면 출시된지 20년이 훌쩍 넘은 장수 아이스크림들이 대부분의 공간을 차지하고 있다. 탄생한지 100년 가까이 되는 샤넬 No.5 향수는 여전히 사랑받고 있으며 수십 년 전에 발표된 대중가요나 수백 년 전에 작곡된 클래식도 여전히 사랑받고 있다. 한 번 정립된 사람들의 기호는 쉽게 변하지 않기 때문이다.

따라서 일단 기호성 측면에서 브랜드 자산을 구축했다면 이는 지속적인 강점이 될 가능성이 매우 높다. 어지간한 이슈로는 잘 흔들리지 않는다는 의미이다. 브랜드의 지속성은 그 브랜드의 수익성과 직결된다. 초기 투자비용의 회수 여부와 수익의 발생 여부는 단기간의 폭발적인 성장보다 꾸준한 성장과 지속적인 판매로부터 더 영향을 받는다. 이렇듯 지속적이고 안정적으로 판매되는 브랜드는 꾸준히 수익을 창출해 주는 상품, 즉 캐시카우Cash Cow의 역할을 할 가능성이 높다. 이런 캐시카우 브랜드는 기업의 신규투자와 경쟁력을 쌓는 데 많은 도움을 준다.

정리하면 사람들의 기호는 여간해서 바뀌지 않는다. 한 번 사람들의 감각을 만족시키고 기호를 충족시킨 브랜드는 꾸준하고 안정적인 판매가 가능하다. 안정적인 판매는 수익을 가져오고 수익은 기업의 성장에 도움을 준다. 기호성이 중요한 분야에 강한 경쟁력을 보유하고 있는 기업들은 대부분 이러한 과정을 거쳐 왔다. 농심, 오리온, CJ 같은 식품기업이 소비자의 기호를 선점하여 성장한 대표적인 사례라고 할 수 있다.

기호성은 빠르게 확산된다

기호성 차별화의 장점 중 두 번째는 한 번 충족된 기호는 빠르게 확산된다는 점이다. 사람들의 기호는 의외로 제각각이 아니다. 그렇기 때문에 특정 소규모집단에 속해 있는 사람들의 감각과 취향을 만족시키면 더 큰 집단에 빠르고 효과적으로 확산될 수 있다. 우리는 저마다 입맛이 다르고 좋아하는 색상이 다르고 좋아하는 음악이 다르고 추구하는 가치가 다르다고 생각한다. 이처럼 대부분의 사람들은 자신이 개성이 넘치고 유니크한 취향을 가지고 있다고 일종의 '오해'를 하는 경향이 많다. 하지만 진짜로 그럴까?

사람들이 저마다 각기 다른 개성과 독특한 취향을 가지고 있다면 히트상품이 생길 리 없다. 모두가 다른 음악을 듣는다면 히트가요는 탄생할 수 없고 유행이라는 것도 만들어질 수 없다. 사람들이 좋아하는 것이 비슷하기 때문에 히트상품이 나오고 유행이 만들어지는 것이다. 따라서 많은 사람들이 가지고 있는 공통된 취향을 발견하고 이를 상품과 서비스로 얼마만큼 발전시키느냐에 따라 성공적인 차별화가 가능하다. 이렇게 형성된 공통된 취향과 감각의 만족, 즉 기호성

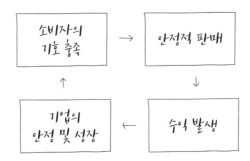

차별화의 달성은 크고 작은 조직과 사람들 사이에서 대세·트렌드·유행을 만들어 낸다. 그리고 이런 대세가 일정 기간 지속된다면 이는 여간해서는 변하지 않는 소비자의 기호로 굳어지게 된다. 앞서 설명한 기업의 선순환구조가 구축될 수 있는 것이다.

기호는 모방과 학습을 통해 형성된다

사람들은 저마다 자신이 개성이 넘치고 독특한 취향을 가지고 있다고 하는데 어떻게 히트상품이라는 것이 존재할 수 있을까? 그 이유는 사람들이 가진 기호라는 것이 타인을 기준으로 만들어질 가능성이 높기 때문이다. 소비자들은 소비를 통해 나의 정체성을 표현한다고 설명한 바 있다. 그런데 나의 정체성을 표현하기 위해 특정 브랜드를 구매하는 행위는 남들 역시 그 브랜드가 본인이 생각하는 정체성을 가진 브랜드라고 생각한다고 여기기 때문이다.

내가 맛있다고 느끼는 음식은 사실 누군가에 의해 혹은 타인을 의식해 지속적으로 접해왔던 음식일 확률이 높다. 내가 좋아하는 음악은 누군가에 의해 좋다고 평가되고 추천된 음악인 경우가 많다. 사람들은 네이버 실시간 검색어가 무엇인지 살피며 '다른 사람들이 지금 무엇에 관심을 쏟고 있는지' 궁금해 한다. 그래서 보고 싶은 영화가 생기면 바로 극장을 찾기보다는 주변에 그 영화를 본 사람들의 평을 물어본 후 영화를 볼지 말지 결정한다.

이처럼 대부분의 사람들은 남들이 맛있다고 한 것을 맛있게 느끼고, 남들이 예쁘다고 하는 옷을 진짜 예쁘다고 생각하고, 남들이 재미있다고 한 영화를 재미있다고 느낀다. 이렇게 취향의 만족은 타인을 통해 형성되고 또 확산되는 것이다.

타인의 취향을 의식하는 사람들의 성향에는 다 이유가 있다. 인간의 뇌에는 거울 뉴런Mirror Neuron이라는 신경계가 있다. 거울 뉴런은 타인의 행동을 보거나 어떤 상황에 대해 듣기만 해도 자신이 그 행동을 하거나 그 상황에 처해있는 것처럼 느끼도록 활성화된다. 이 거울 뉴런 때문에 사람들은 타인에게 공감하고 사회적 활동과 사고체계를 모방하고 학습하게 된다. 소비활동에서도 같은 상황이 펼쳐진다. 타인이 좋다고 하는 것, 타인이 맛있다고 하는 것, 타인의 정체성이 표현되는 브랜드를 나 역시도 느끼게 되는 것이다.

> **"**
>
> 기호성 차별화의 장점은
> 첫째, 한 번 굳어진 기호는 잘 바뀌지 않으며,
> 둘째, 한 번 충족된 기호는 빠르게 확산된다.
>
> **"**

기호성 차별화의 목표

메이저 브랜드로 각인되어야 한다

기호성 차별화의 장점으로 설명한 소비자의 '기호'라는 것은 한 번 구축되면 잘 변하지 않는다. 그리고 사람들이 공감하는 공통의 취향은 의외로 빨리 전파되고 대세가 된다는 점에서 기호성 차별화의 목표를 엿볼 수 있다.

기호성 차별화의 목표는 특정 취향과 감각을 만족시키는 대세, 즉 메이저 브랜드가 되는 것이다. 소비자가 특정 감각을 상상할 때 이를 만족시킬 수 있는 브랜드로 소비자의 머릿속에 몇 가지 구매 후보군으로 바로 떠올라야 한다. 이처럼 특정 분야에서 선호하거나 구매하려는 브랜드들이 사다리처럼 소비자의 머릿속에서도 배열되어 떠오르는 것을 '사다리의 법칙'이라고 부른다.

이때 작은 규모라 하더라도 특정 집단이 원하는 감각이나 취향을

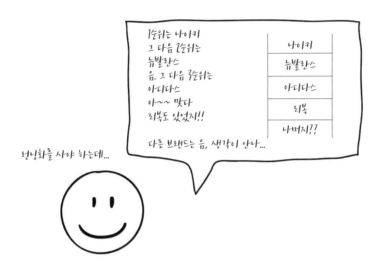

만족시키기 위한 마케팅 전략을 수립하고 실행해야 한다. 자신들의 감각이나 취향이 만족된 소비자가 늘어나면 자연스럽게 더 큰 집단이 가진 감각과 취향을 만족시킬 수 있게 된다. 이 과정이 이어지면서 입소문이 퍼지고 자발적인 바이럴 효과가 발생하게 된다. 이를 통해 특정 취향의 사다리에서 높은 위치를 차지하는 것, 이것이 기호성 차별화의 과정이며 목표이다.

소비자의 마음속 사다리에 올라타라

기호성 차별화를 실현하려면 소비자가 특정 감각이나 취향을 떠올릴 때 우리의 제품·서비스가 소비자의 사다리 안에 들어 있어야 한다. 따라서 상품 출시 초기부터 이 감각을 잘 나타내 줘야 한다. 예를 들어 단순히 좋은 재료를 넣은 맛있는 라면이 아니라 매운 라면이 생각날 때 딱 생각나는 라면이어야 하는 것이다. 농심이 신라면 출시 때부터 잡았던 '매운 라면 신라면'이라는 컨셉은 기호성 차별화에서 매우 효과적인 컨셉이다. 소비자는 '매운 맛'을 가진 라면이 먹고 싶을 때 자연스럽게 신라면을 떠올릴 수 있게 된다.

감각뿐만 아니라 자존감이나 정체성에 대한 기호성 차별화도 마찬가지다. 사회적·경제적으로 성공한 사람들이 실용적으로 타고 다닐 수 있는 차, '성공'이라는 자신의 정체성을 자연스럽게 드러내고 싶을 때 떠올리는 차로 '대한민국 1%'라는 렉스턴의 컨셉은 매우 효과적이었다. 신라면과 렉스턴 모두 소비자의 마음속 사다리 안에 자신들의 브랜드를 자연스럽게 안착시킨 것이다.

> **기호성 차별화의 목표는**
> 특정 취향과 감각을 만족시키는 대세,
> 즉 메이저 브랜드가 되는 것이다.

기호성 차별화의
두 가지 방법

기호성 차별화의 방법은 크게 두 가지로 나눌 수 있다. 순수하게 인간의 '감각'을 만족시키는 방법과 자존감·명예감·우월감 등 인간의 '심리'를 만족시키는 방법이다.

감각을 만족시켜라

인간에게는 시각·청각·후각·미각·촉각의 5가지 감각이 있다. 이를 오감이라고 부르며, 우리가 일상생활에서 접하는 많은 상품들은 소비자의 오감을 만족시키기 위해 기호성 차별화를 시도하는 경우가 많다. 대표적인 카테고리로는 우리의 일상생활과 매우 밀접한 관계에 있는 식음료, 화장품, 패션, 생활소품 등이다. 또 큰 회사뿐만 아니라 동네 음식점, 카페 등도 오감을 통한 소비자 욕구를 충족시키기 위해 노력하고 있다. 그만큼 인간은 오감을 만족시키는 소비생활과 뗄 수 없는 긴밀한 관계이다 보니 오감을 만족시키며 기호성 차별화를 하는 것은 매우 직접적이고 중요한 마케팅활동이 되었다.

오감을 만족시키는 기호성 차별화를 시도할 때 고려해야 할 점은 오감은 한 가지 감각으로만 만족되는 경우가 드물기 때문에 종합적으로 만족시켜야 한다는 점이다. 예를 들어 '맛있다'라는 미각을 만족시킬 때 단순히 혀의 미각점만 만족시키는 것이 아니라 맛있는 '냄새', 맛있는 '소리', 맛있는 '식감' 등 다른 감각을 종합하여 만족시킬 필요가 있다는 것이다. 우리는 라면의 맛뿐 아니라 맛있는 냄새에 매료되고, 향수의 좋은 향뿐만 아니라 예쁜 향수 병에 매료되곤 한다. 이처럼 여러 감각들이 모여 종합적인 만족감을 느끼곤 한다.

이렇게 먹고 듣고 보고 냄새 맡고 느끼는 등 오감을 통해 느끼는 일상생활이 많다 보니 알게 모르게 오감에 대한 기억은 오래 지속된다. 그리고 저마다 맛과 소리와 냄새 등 익숙한 감각에서 편안함을 느끼고 선호하게 된다. 이렇듯 오감은 우리의 생활과 밀접하게 연결되어 있고 습관적인 소비를 유도한다. 이렇게 만들어진 습관적 소비 패턴은 오래 유지되며 잘 바뀌지 않는다. 그렇기 때문에 한 번 소비자의 감각을 만족시킨 상품이 큰 성공을 거둔다면 장기적으로 안정적인 브랜드가 될 수 있다. 이것이 기호성 차별화의 큰 장점이며 매력이다.

심리를 만족시켜라

당연하게도 인간은 단순히 오감을 만족시키기 위해서만 살아가지 않는다. 먹고 마시고 입는 일상생활에서도 자신의 가치관을 표현하고 싶어 하며 자신의 존재이유를 증명하기 위해 꾸준하게 노력한다. 그런 노력의 일환으로 자신의 정체성·자존감을 채우는 소비활동을 하게 된다. 때로는 이런 소비활동이 심리적 만족감을 충족시켜 주기도 하고, 자신의 존재를 증명하는 수단으로 사용되기도 한다. 따라서 고객의 가치관이나 정체성을 좀 더 잘 표현해 주거나 고객의 사회적 위치와 자존감을 충족시켜 주면서 기호성을 차별화할 수도 있다.

사람은 태어나면서부터 자신을 증명하고 인정받기 위해 노력한다. 어려서는 부모님이나 선생님의 칭찬을 듣기 위해 노력하고 자신의 가치를 올리기 위해 공부를 한다. 이성에게 잘 보이기 위해 치장을 하며 상대방의 마음에 드는 말과 행동을 하려 노력한다. 사회적 성공을 인정받기 위해 열심히 일하기도 한다. 하지만 이런 자신의 증명과 인정은 눈에 보이지 않는다. 매우 추상적이다. 누군가는 이러한 노력을 통해 얻는 만족감 그리고 보람과 성취감만으로도 삶을 살아간다. 반면에 어떤 사람들은 자신의 성공과 성취, 자존감을 좀 더 효과적으로 보여줄 수 있고 만족시켜 줄 수 있는 상품·서비스를 구매하거나 이용한다. 그리고 이를 통해 더 큰 심리적 만족감을 얻고자 한다. 솔직히 말하자면 전자의 보람과 성취감으로 만족하는 사람들보다는 이를 남들에게 보여주고 인정받고자 하는 사람들이 훨씬 더 많다. 그렇기 때문에 고가의 명품과 수입차량이 꾸준히 사랑받는다. 심지어 마트나 백화점에서 식품이나 생활용품을 구매할 때에도 자신을 표현하는 방식의 소비를 통해 심리적 만족감을 얻으려는 경우가 많다. 때때로 '과연 이 상품이 이렇게 비싼 가격에 팔릴까?' 하는 의문이 들 정도의 고가인 상품이 놀라울 정도로 높은 판매고를 자랑하는 경우도 심심찮게 발생한다.

심리적인 만족감을 주며 기호성 차별화를 시도하는 분야로는 주로 명품 브랜드에서 그 예를 찾아볼 수 있다. 또 자동차, 주택, 패션 등 고가의 상품에서도 소비자의 정체성이나 존재감을 충족시키며 차별화를 하는 경우도 많다. 브랜드 아파트에 가격 프리미엄이 붙고 오래된 아파트라도 유명한 브랜드로 바꾸면 가격이 올라가곤 한다. 명품이 아니라도 프라이탁 가방을 메고 애플의 맥북을 사용하는 것만으로 남들과는 다른 힙스터의 느낌을 줄 수 있다.

따라서 고객에게 심리적 만족감을 주면서 기호성 차별화를 성공하려면 그 브랜드가 특정한 경제적·사회적 위치, 가치관, 정체성 등을 대표할 수 있어야 한다. 애플을 사용하는 사람들이 좀 더 '자유분방'하고 '스타일리쉬하다'라는 평가를 받는 것은 애플이 그러한 개인의 정체성을 대표하고 있기 때문이다. 또 애플이 이런 평가를 받는 것은 이런 정체성의 집단을 만족시키면서 차별화하려고 많은 노력을 했기 때문이다. TV에서 애플의 브랜드 이미지 광고를 보면 그 브랜드가 어떤 집단의 정체성과 기호를 만족시키려 애쓰는지 알 수 있다.

이렇게 브랜드를 의인화하여 성격이나 외형을 규정하고 이를 관리하고 강화시키는 것을 브랜드 페르소나(성별·외모·가치·개성 등 소비자가 브랜드에서 연상할 수 있는 인간적 특성을 의미)라고 한다. 물론 브랜드 페르소나는 '기호성 차별화'에만 해당되는 것은 아니다. 안전이나 기능 등 다른 속성으로 차별화할 때도 많이 이용된다. 하지만 심리적 만족감을 충족시키면서 기호성을 차별화하고자 할 때 목표집단의 심리적 욕구를 대표하는 브랜드 페르소나를 구축하고 활용하는 것은 매우 효과적인 방법이다.

"

소비자에게 한 번 형성된 기호는 잘 바뀌지 않으며
그 전파속도가 빠르고 타인의 영향을 받는다는 특징이 있다.
그에 따라 브랜드가 소비자의 마음속에 자리잡으면
안정적인 운영이 가능하다.
기호성 차별화는 오감 등 감각을 만족시키는 방법과
자존감·명예 등 가치를 만족시키는 방법이 있다.

"

05 기호성 차별화의 구축방법

기호의 만족은 한 가지 감각에만 국한되지 않는다

우리는 어떤 식당들을 맛집이라고 부를까? 왜 향수는 모두 예쁘고 고급스러운 병에 담겨있는 것일까? 왜 옷이나 스포츠용품을 파는 매장에서는 감미롭거나 역동적인 음악이 흘러나오는 것일까?

그 비밀은 바로 기호가 한 가지 감각에만 국한되지 않기 때문이다. 우리는 '맛'이라는 것을 떠올릴 때 단순히 혀의 감각만을 떠올리지 않는다. 맛있는 냄새가 있고 맛있는 소리가 있으며 맛있는 느낌(씹는 맛 등)이 같이 떠오르는 경우가 많다. 출출한 밤에 맡는 라면 냄새, 저녁을 준비하는 주방에서 들리는 보글보글 찌개 끓는 소리, 우동 면발을 씹을 때 입에서 터지는 듯한 탱글탱글한 느낌에서 우리는 '맛있겠다' 혹은 '맛있다'라는 생각을 가지게 된다. 따라서 '맛있는 음식'이라는 기호성을 차별화하거나 만족시키고 싶을 때에는 미각을 만족시키는 것은 물론이고 포장지의 색상이나 디자인, 냄새, 식감 등 오감을 모두 고려해야 한다. 동네에서 식당을 개업할 때도 마찬가지다. 단순히 음식의 미각적인 맛뿐만 아니라 손님을 만족시키는 시각적 효과, 음식 냄새, 조리할 때나 먹을 때 구현할 수 있는 소리 등을 모두 고려해야 한다.

우리가 침실에서 사용할 생활소품을 사려고 매장에 들렀을 때 매장에서 편안하거나 익숙한 음악이 흘러나온다. 차분한 음악에 맞게 상품들도 파스텔 톤의 아주 단순한 디자인이다. 어디선가 은은한 향기가 퍼져 나온다. 오늘 사려고 했던 나이트가운 역시 매우 편안하고 부드러워 보인다. 이 매장은 음악, 향기, 디자인 등 오감을 만족시키면서 기호성을 차별화하고 있는 것이다.

우리가 상품에 만족감을 느끼는 시점은 사실 매장에 입장하는 순간부터라고 봐야 한다. 이렇게 종합적으로 감각을 만족시키면서 기호성을 차별화하는 브랜드는 식품, 향수 등 오감에 직접적인 영향을 끼치는 카테고리뿐만 아니라 일상생활 전반에 걸쳐 의외로 많은 영역에 걸쳐 존재한다.

1980년에 설립된 일본의 생활용품 브랜드 무지(MUJI, 무인양품)는 특유의 디자인으로 유명한데, 마니아 층이 매우 두텁게 존재할 정도로 성공한 브랜드이다. 국내에도 2004년 첫 매장을 오픈한 이후 꾸준히 매장 수를 확대하고 있으며, 특히 대형매장 전략으로 서울 시내 주요 번화가에 대형매장을 속속 오픈하고 있다. 무지는 의류, 생활소품, 가전, 주방용품 등의 라이프스타일 상품이 메인이지만 최근에는 중국과 일본에 무지호텔을 오픈하는 등 영역을 확장하고 있다.

　무지는 단순한 색상과 디자인, 포장 및 내추럴한 소재 등 특유의 디자인 철학을 가지고 있는데, 이러한 디자인 전략은 언제 어디서든지 무지 매장을 한눈에 알아볼 수 있게 해준다. 즉, 디자인이라는 시각적 만족감이 주요 차별화 요소인 것이다. 하지만 매장에서의 기호성 차별화는 시각적인 자극만 있는 것은 아니다. 무지 매장에 울려 퍼지는 음악은 무지에서 직접 제작한 음악으로, 최대한 인위적인 음악을 배제한 내추럴한 음악이다. 이처럼 무지의 디자인 철학은 시각뿐만 아니라 청각적인 자극에까지 묻어있으며, 시각적인 디자인으로 성공한 브랜드이지만 청각적인 만족감을 주려 노력한다는 점은 오감을 종합적으로 만족시킨다는 기호성 차별화라고 할 수 있다.

　따라서 종합적인 감각을 만족시키는 기호성 차별화 상품을 홍보할 때에는 감각적인 요소들을 강조할 필요가 있다. 단순히 누구와 언제 어느 맛집을 가서 먹어봤더니 맛있었고 직원들도 친절했다는 천편일률적인 콘텐츠가 아니라 감각적인 상상력을 자극할 필요가 있다는 것이다. 예를 들어 스페인 음식점을 홍보할 때에는 '지중해 연안을 온 것처럼 새하얗고 뽀얀 벽돌' '더위를 기분 좋게 날려주는 고풍스러운 구리빛 팬' '오랜 세월을 견딘 듯한 페르시아식 식탁보' '침샘을 자극하는 보글보글 빠에야 끓는 소리' '치아를 휘감듯 탱글탱글 터지는 밥알과 살아있는 듯 쫄깃한 조갯살' 등 감각을 총동원하여 상상력을 자극할 필요가 있다. 이처럼 오감을 총동원하여 맛을 설명하면 감각적인 자극이 발생하고 '맛있다'라는 소비자들의 기대가 올라갈 수 있다.

고객의 기호는 고객이 스스로 만들지 않는다

우리는 흔히 '내가 좋아하는 것은 내가 정한다'고 생각한다. 물론 최종적으로 선호를 정하는 것은 자기 자신이다. 그러나 선호를 정하기까지의 수많은 과정에서 온전히 본인 스스로의 주관과 노력에 의해 선호가 정해지는 경우가 얼마나 될까? 방송의 영향으로, 광고의 영향으로 때로는 누군가의 추천으로 그 상품이나 서비스를 정하게 되고 그런 정보의 습득경로는 때로는 선호에 결정적 역할을 미치기도 한다. 즉, 남들이 맛있다고 하니까 맛있게 느껴지고 남들이 예쁘다고 하니까 예뻐 보이는 것이다. 물론 맛집으로 소문나려면 실제로 맛있어야 한다. 하지만 실제로 맛있는 것, 실제로 아름다운 것과는 별개로 맛집과 유행은 개인만의 선호를 벗어나 타인에게 확산될 때 탄생한다. 아무리 내가 맛있다고 느껴도 남들이 인정하지 않으면 맛집이 아닌 것이다.

이처럼 나의 기호를 형성하는 데는 결국 타인이 가진 기호의 영향이 크다. 남들이 모두 그렇다고 하니 나도 왠지 그런 것처럼 느끼는 것이다. TV에 나온 맛집이 수없이 많고 조금만 이름 있는 식당에 가면 벽마다 유명인들의 사인이 가득차 있는 것은 바로 소비자의 기호에 타인이 크게 영향을 미치기 때문이다. 내가 운영하는 식당이 맛에 자신이 있다면 일부러라도 유명인 사인을 벽에 걸어야만 하는 이유가 바로 그것이다. 사람은 감각에 그리 민감하지 않다. 남들보다 유난히 민감한 사람도 있겠지만 그 수가 절대적이지는 않다. 우리가 '이 식당이 맛있다' 또는 '이 음악이 좋다' '이 향기가 더 좋다'라고 평가할 때의 차이는 크게 변별력이 있지 않다. 예를 들어 소비자들은 냉면집에 가서 맛을 평가하면서 '100점 만점에 A식당은 91점, B식당은 84점이기 때문에 A식당만 갈 것이다'라고 민감하게 평가하지 않는다. 사람들은 맛 평론가가 아니기 때문에 이런 경우 보통은 'A식당도 맛있고 B식당도 맛있다'라고 평가하게 된다. 잘 생각해 보면 우리 주변의 많은 사람들은 '정말 맛있다' '맛있는 편이다' '보통이다' '별로다' '진짜 맛없다' 정도로 평가하는 것이 일반적이지 않을까?

그런데 미각뿐만 아니라 청각·후각 등 종합적으로 비슷한 A식당과 B식당이 선호도에서 차이가 난다면 그 이유는 무엇일까? 보통은 내 주변의 사람들이 어떻게 평가하느냐에 의해 결정되는 경우가 많다. 따라서 주변 사람들에게 영향을 받아 무언가를 평가하는 경우에는 맛을 개선하기보다는 개인의 선호에 영향을 주는 다수의 타인, 즉 대중들이 더 좋아하는 것처럼 보이는 것에 집중할 필요가 있다. 그리고 이는 마케팅의 영역이다.

자기합리화를 위한 근거를 제공하라

———

사람은 자기합리화를 위한 존재이다. 자신의 행동이나 선택에 당위성을 부여하려고 하고 자신의 선택이 옳았음을 항상 인정받고 싶어 한다. 만약 자신이 생각하는 정체성이나 가치관이 현재 처해 있는 현실과 다르다면 매우 큰 불편함을 느끼고 자기방어적인 태도를 취하게 된다.

레온 페스팅거Leon Festinger는《인지불협화이론》(1957년)이란 책에서 '인지부조화'에 따른 결과를 자세히 설명한다. 사람은 자신이 평소에 가진 가치관이나 굳건히 믿는 신념이 현실 또는 실제와 다르다고 느낄 때 '인지부조화'를 경험한다. 그리고 이때 발생하는 신념과 실제의 차이를 극복하려 노력한다. 그 노력 중 하나가 그 신념이나 가치관과 반대되는 증거를 부인하는 행위를 한다는 것이다. 우리가 간혹 보는 사이비 종교의 종말론에서 인지부조화를 볼 수 있다. 그 종교의 신자들은 종말이 온다고 한 날짜에 종말이 오지 않았음에도 종말론이 허구였다는 사실을 받아들이지 않는다. 오히려 그들의 기도와 염원으로 인해 종말이 연기되었다는 말로 자신들을 합리화하려 한다. 종말이 오지 않았음에도 신도들 사이에서 이러한 신념은 반복적으로 교류되고 강화됨으로써 집단적으로 합리화된다.

우리는 일상 소비생활에서도 이러한 경우를 많이 접한다. 광고, 주변 사람의 추천, 자발적인 정보 탐색 등을 토대로 상품을 구매했을 때, 그 구매 이후 실제 사용단계에서 자신이 그 상품을 선택할 때 생각한 것과 다르다면 인지부조화를 경험하게 된다. 이럴 때 소비자는 자기합리화를 하려고 노력하며 실제 이런 인지부조화를 해결해 주기 위해 기업은 광고나 바이럴 메시지를 통해 고객이 자기합리화를 할 수 있는 근거를 제공한다.

기호성 차별화 영역의 경우 이러한 자기합리화 경향은 더욱 두드러진다. 경제성, 편의성, 기능성 등 다른 5CORE의 영역에서는 가격, 편리함의 정도, 기능의 우수성 등 비교적 객관화할 수 있는 지표가 많지만 기호성은 자신의 만족 정도를 객관화하기 어렵다. 따라서 자기합리화를 하기 위한 노력은 타인의 인정이나 시선에 그 지표를 두는 경우가 많다. 예뻐서 이 귀걸이를 구매했다면 비록 구매하고 나서 실제 착용했을 때 별로 내 맘에 안 들어도 남이 예쁘다고 하면 어느 정도 만족하게 된다. 자신의 선택이 옳았음을 합리화하기 위해 타인의 긍정적 평가가 필요하다는 것이다.

결과적으로 소비자의 기호성을 만족시키면서 차별화하기 위해서는 소비자가 자기합리화를 하기 위한 근거를 미리 제공해야 한다. 많은 기업과 브랜드들이 이러한 노력의 일환으로 유명한 셀럽에게 협찬을 하기도 하며 바이럴 활동을 활발하게 하기도 하며 감성을 자극하는 광고를 하기도 한다. 하지만 만족을 객관화하기 어렵기 때문에 인지부조화가 발생할 확률이 높으며 이러한 인지부조화에 대한 두려움으로 구매를 망설이는 경우도 많다. 이럴 때 필요한 것이 타인의 인정이다.

'내 취향이고 나를 잘 표현해 줄 것 같은 이 브랜드, 난 이 브랜드를 구매한 것이 잘했다고 생각해! 왜냐하면 내 친구가 내 가족이 그렇다고 하거든…'

이렇게 인간이 가진 기호는 그를 둘러싼 타인이 만들어 가게 된다. 그래서 내가 음식을 팔던, 옷을 팔던, 화장품을 팔던 내가 선택한 것을 합리화시켜 줄 든든한 아군이 반드시 필요하다.

일관성 있는 브랜드 페르소나를 구축하라

앞서 잠깐 언급한 '페르소나persona'란 용어에 대해 좀 더 알아 보자. 이 페르소나란 말은 그리스어가 그 어원으로, '가면'을 뜻한다. '개인'을 뜻하는 영어 Person이나 Personal의 어원이 된 단어이기도 하다. 스위스의 유명 심리학자인 칼 구스타프 융Carl Gustav Jung의 설명에 따르면 인간은 의식과 무의식으로 이루어지는데, 여기서 페르소나는 무의식의 인격이며 자아의 어두운 면이라고 설명한다. 인간은 겉으로 드러난 의식을 통해 외부세계와 소통하는 주체이며, 이 페르소나는 일종의 가면으로 집단의 규범을 따르거나 주어진 역할을 수행하도록 한다는 것이다.

이 페르소나라는 말은 복잡한 심리학 용어보다는 좀 더 친숙한 의미로 일상생활에서 쓰이는데, 가장 활발하게 사용되는 분야가 영화이다. 특정 영화감독과 유난히 많은 영화를 찍는 배우를 그 감독의 페르소나라고 한다. 그 배우가 그 영화감독의 연출 의도나 작품 세계를 가장 잘 표현하기 때문에 페르소나라는 용어가 사용된다. 팀 버튼 감독과 많은 작품을 찍은 조니 뎁, 마틴 스콜세지 감독의 수많은 명작을 탄생시킨 로버트 드 니로가 유명한 페르소나 배우들이다. 국내에서도 김지운 감독과 이병헌, 류승완 감독과 류승범, 봉준호 감독과 송강호, 윤종빈 감독과 하정우 등의 조합이 유명한 감독과 페르소나 배우의 조합이라 할 수 있다.

만약 기업이 특정한 고객 집단의 취향이나 정체성, 사회적 위치 등을 만족시키려고 한다면 이들 집단을 대표하거나 그 집단이 추구하는 이상형에 대한 캐릭터를 구축할 필요가 있다. 이를 '브랜드 페르소나'라고 하는데, 여기에는 그 브랜드가 추구하는 가치와 장점이 담겨야 하며 무엇보다 다른 브랜드와 구분되는 독특함이 있어야 한다. 그 기업이 의도했든 그렇지 않든 고객의 마음속에 브랜드 페르소나가 한 번 자리잡으면 그것을 수정하거나 없애는 것은 매우 어렵다. 따라서 브랜드 페르소나는 브랜드 런칭 초기부터 기획하여 장기간에 걸쳐 일관성 있게 구축하고 활용해야 한다.

기업은 브랜드 페르소나를 통해 타깃 집단의 이미지를 만들어 주기도 하고 기업의 컨셉을 효과적으로 전달할 수 있으며 결국 타깃 집단과 기업 간의 강한 유대감을 이끌어 낸다. 부가적으로 브랜드 페르소나를 통해 기업이 고객들에게 어떻게 인식되고 있는지 분석할 수 있고 기업의 진짜 타깃 집단이 누구인지 파악할 수도 있다.

브랜드 페르소나는 다양한 브랜드에서 활용되고 있는데, 가장 유명한 사례를 꼽으라면 미국의 모터사이클 브랜드인 할리데이비슨을 꼽을 수 있다. 할리데이비슨은 1907년에 윌리엄 할리William Harley와 아서 데이비슨Arthur Davidson이 설립한 회사로, 두 사람의 이름을 따서 할리데이비슨이 된 것이다. 할리데이비슨은 고급 모터사이클 브랜드의 대명사이자 전 세계에서 가장 사랑받는 모터사이클 브랜드로, 한때 일본 브랜드의 공격으로 큰 위기가 있었으나 이를 극복하고 여전히 마니아층의 두터운 사랑을 받고 있다.

할리데이비슨의 브랜드 페르소나는 무엇일까? 외형적으로는 가죽 점퍼를 입은 거칠고 마초적인 남자일 수 있고, 내적으로는 자신만의 세계가 있고 취미를 즐기는 자유분방하고 호탕한 성격일 것이다. 경제적 위치는 아마도 할리데이비슨이 고가이다 보니 어느 정도 경제적으로 여유가 있을 것이다. 만약에 모터사이클 같은 취미에 관심이 많고 경제적으로 여유가 되며 자유로움을 추구하고 호탕한 성격이라고 생각하며 남성다움을 중시하는 사람이라면 할리데이비슨에 관심과 욕구를 가지게 될 가능성이 높다.

할리데이비슨은 자기 브랜드의 페르소나를 잘 알고 있다. 그래서 할리데이비슨은 고객 모임인 호그HOG : Harley Owners Group를 조직하여 고객들의 결속을 도모하고 그들의 욕구를 충족시킨다. 아무래도 할리데이비슨의 브랜드 페르소나에 이끌려 고객이 된 거라면 다른 할리데이비슨의 고객 역시 비슷한 가치관과 성격과 경제적 위치를 가지고 있을 것이다. 따라서 고객 집단의 결속력이 강할 수밖에 없을 것이고 원하는 것이 비슷할 수밖에 없다. 할리데이비슨은 이들 호그를 위해 다양한 행사를 개최하며 다른 나라의 호그들과 교류를 주선하기도 한다.

할리데이비슨이 기능적으로 가장 우수한 모터사이클이라고 할 수 없다. 또한 가격이 저렴하지도 않으며 타고 다니기 편하지도 않다. 하지만 전 세계에서 가장 사랑받는 모터사이클 브랜드가 된 것은 바로 초기부터 쌓아온 브랜드 이미지가 강력한 브랜드 페르소나가 되

었고, 이를 통해 유입된 고객들의 선호가 더 강화되어 강력한 브랜드 자산을 구축했기 때문이라고 할 수 있다. 즉, 러브마크(소비자들과 감성적으로 연결된 브랜드)가 된 것이다.

> **"**
>
> 기호성 차별화는
> 미각·촉각·시각·청각·후각 등 오감을 종합적으로
> 만족시켜야 한다.
> 사람들은 남들이 예쁘다고 하면 예뻐 보이고
> 맛있다고 하면 맛있어 보이는 등
> 타인의 감각적 기호에 큰 영향을 받는다.
> 따라서 우리 브랜드를 보증해 줄 지지자집단을 만들어야 하며,
> 이를 위해 우리 브랜드가 직관적으로 떠오르게 할 수 있는
> 브랜드 페르소나를 형성해야 한다.
>
> **"**

06 기호성 차별화의 사례

허니버터칩, 지금도 먹나요?

한 번 구축된 소비자의 기호는 여간해서는 잘 변하지 않는다고 앞서 설명했다. 이러한 경향은 식품 분야에서 매우 두드러진다. 사람의 입맛이라는 것이 아주 어렸을 때부터 장기간에 걸쳐 형성되다 보니 우리는 엄마가 만들어 주는 집밥에 길들여지고 자주 가는 식당의 밥맛에 길들여진다. 물론 마트에서 파는 다양한 가공식품에도 길들여진다.

또한 소비자에게는 특정 음식에 대한 자신들만의 기준이 있다. 김치는 맛이 어때야 하고 라면은 맛이 어때야 하고 된장찌개는 맛이 어때야 한다는 자기만의 기준이 생각보다 강하게 형성되어 있다. 때문에 식품시장에는 각 시장마다 오래된 강자들이 존재한다. 그렇다 보니 이들 강자의 틈을 공략하기가 여간 어려운 것이 아니다. 라면도

예외가 아니다. 우리는 수십 년 동안 빨간 국물의 매콤한 라면에 익숙해져 있다. 그런데 몇 년 전 하얀 국물 라면에 온 국민이 열광한 적이 있다. 바로 꼬꼬면이다. '라면은 빨간 국물의 음식'이라는 많은 소비자의 고정관념에 강력한 도전자가 되는 것 같았다. 하지만 우리가 알다시피 꼬꼬면은 그 기세를 이어가지 못했다. '라면은 역시 빨간 국물이야'라는 오래된 소비자의 기호를 변화시키지 못한 것이다.

초코파이는 오랫동안 한 가지 맛으로 사랑받았다. 그런 초코파이가 바나나 맛을 출시하면서 엄청난 화제가 되었다. 초코파이는 초콜릿과 마시멜로 맛이라는 익숙한 기호에서 바나나 맛이라는 극적인 변화를 통해 새로운 기호 창출을 시도했다. 이런 바나나 맛 초코파이의 열풍에 자극을 받아 카스타드, 몽쉘 등 유사한 상품군에서도 바나나 맛을 출시할 정도였다. 바나나 맛 초코파이는 시장에서 새로운 활력소와 새로운 성장동력이 될 것처럼 보였으나 결과적으로 보면 처음 출시될 때에 비해 열기가 많이 식었다. 이외에도 다양한 사례가 있다. 없어서 못 팔 정도였던 허니버터칩 역시 스낵계의 지각변동을 예고했지만 그 인기를 이어가지 못하고 있다.

이처럼 오래된 소비자의 입맛에 다양한 자극을 주어 시장 판도를 깨고자 하는 것은 좋은 시도다. 꽤 효과가 있을 수도 있다. 하지만 오랜 시간 동안 공고히 쌓여온 소비자의 기호를 깨는 것은 매우 어려운 과제다. 또한 단순히 맛을 변화시키고 재료를 변화시키는 것은 지속 가능한 차별화라고 말하기 어렵다. 맛과 재료의 변화는 경쟁자가 쉽게 모방할 수 있기 때문이다.

단순히 감각적인 만족을 꾀하는 기호성 차별화만으로는 한계가 있을 수 있다. 새로운 맛 자체에 대해 법적 권리를 획득하거나 원료나 설비를 독점하지 않는 이상 경쟁자의 추격을 따돌리는 것도 쉽지 않다. 때문에 기호성 차별화를 시도할 때는 신뢰성, 경제성, 편의성 등 다른 속성의 차별화와 동시에 진행하는 것이 효과적이다.

민혁 씨가 카스에 끌리는 이유는?

앞서 감각은 한 가지에만 국한되지 않는다고 설명했다. 맛이라는 것은 단순히 미각에만 국한되지 않는다. 맥주 역시 마찬가지다. 사람들은 맥주의 쌉쌀하고 시원한 맛에서만 매력을 느끼는 것이 아니라 시각과 촉각 등 다른 감각에서 매력을 느낄 수 있다. 특히 구매 단계에서는 미각보다 시각에서 매력을 느낄 수밖에 없다. 그렇기 때문에 패키지 디자인은 매우 중요하다. 응암동에 사는 민혁 씨가 마트에 갈 때마다 카스에 끌리는 이유는 바로 패키지에서 비롯될 가능성이 높다. 카스의 파란색 라벨은 시원한 느낌을 주며 그 파란색을 진하게 표현한 것은 뭔가 묵직한 질감도 준다. 때문에 시원하고 풍부한 맥주 맛을 상상하는 소비자에게는 매력적인 패키지 색상이다.

만약에 마트에 파란색 패키지의 맥주와 빨간색 패키지의 맥주와 흰색 패키지의 맥주가 있다면 시각적으로 맥주의 매력을 가장 잘 표현해 주는 색상은 어떤 색상일까? 개인의 취향에 따라 다르겠지만 아마 많은 사람들이 파란색의 맥주라고 말할 것이다. 이것은 개인적으로 어떤 색을 가장 좋아하느냐와는 별개의 문제다. 색상에는 그 색

상이 가지고 있는 느낌이라는 것이 있고 오랫동안 쌓여온 색상마다의 이미지가 있게 마련이다. 예를 들면 파란색은 시원함과 신뢰감이 있고 빨간색은 따뜻함과 열정적인 느낌이 강하다. 따라서 색상이라는 시각은 우리 머릿속에서 촉각을 자극하기도 하고 미각을 자극하기도 하며 때로는 청각을 자극하기도 한다.

라면은 빨간색이라는 우리의 오랜 이미지는 '맵다'라는 미각(엄밀히 말하면 통각)이 시각화되었다고 할 수 있다. '매워야 맛있다'라는 소비자의 이미지는 그대로 각 라면의 패키지 색상으로 이어진다. 우리나라에서 잘 팔리는 신라면, 안성탕면, 삼양라면, 진라면 모두 빨간색 혹은 그와 비슷한 주황색 계열이다. 라면이라는 카테고리에서는 빨간색이 맛있는 색이다. 이런 소비자의 이미지를 깨는 것은 매우 어렵다. 꼬꼬면과 나가사끼 짬뽕이 빨간 라면에 도전장을 내밀었지만 시각·후각·미각 등 종합적인 기존의 이미지를 깨기에는 역부족이었다.

다시 한 번 설명하지만 만약 우리가 소비자의 감각을 만족시키는 기호성 차별화를 하고자 한다면 단순한 한 가지 감각이 아니라 오감

을 종합적으로 만족시킬 수 있는 상품을 기획해야 한다. 아예 처음부터 색상, 향기, 배경음악 등 감각적인 요소를 정해 놓고 마케팅 전략을 수립하는 것도 방법이다.

오늘도 응암동에 사는 민혁 씨는 마트에서 카스를 집어 든다. 민혁 씨는 그런 자신이 이상하다고 생각하고 있고 매번 카스만 사는 민혁 씨를 보는 가족들도 이상하다고 생각한다. 하지만 그것은 이상한 행동이 아니다. 오히려 자연스러운 현상이다. 감각적 만족은 한 가지 감각에만 국한되지 않기 때문이다.

❝

기호성 차별화를 시도할 때는 신뢰성·경제성·편의성 등
다른 속성의 차별화와 동시에 진행하는 것이 효과적이다.
그리고 소비자의 오감을 종합적으로 만족시킬 수 있는
상품을 기획해야 한다.

❞

3장

CORE_3

편의성
한 번 편해진 사람은…

01

편의성 차별화

불편했던 과거로 돌아가고 싶은 사람은 없다

나는 소위 말하는 얼리어답터Early adopter는 아니다. 오히려 남들이 다 써 본 뒤 시장의 반응을 보고 구매를 결정하는 후기다수자Late majority에 속한다. 남들은 '좋다' '편하다'고 하는데 그것을 받아들이는 것에 그리 급하지 않다. 또한 불편함에 대해 매우 무던한 편이다. 남들 다 쓰는 스마트폰도 아이폰이 나온 뒤 1년이 훌쩍 넘은 시점에서야 사용하기 시작했다. 자동차 내비게이션도 첫 차를 사고 4년이 지난 시점에 설치했다. 세상에는 나처럼 신상품을 받아들이는 것에 느린 사람이 많다. 하지만 이렇게 무던한 나조차도 한 번 편해진 상태에서 다시 불편함으로 돌아가는 것은 여간 어려운 일이 아니다.

청소기는 1901년에 영국에서 발명되었다. 이후 1908년에 윌리엄 후버^{W.H.Hoover}가 특허권을 사들여 상품화에 성공했고 전 세계로 퍼지게 되었다. 국내에서도 연간 약 200만 대가 팔리는 필수 가전제품이다. 또 진공청소기 시장이 성장함에 따라 무선청소기, 로봇청소기, 스팀청소기 등 다양한 기능이 탑재되면서 시장이 분화·발전하고 있다. 지금도 삼성·LG 등 국내 브랜드, 다이슨·일렉트로룩스 등 유럽 브랜드, 샤오미·디베아 등 중국 브랜드가 치열한 각축을 벌이고 있다.

그런데 사실 따지고 보면 빗자루와 진공청소기는 사용하는 모습이 매우 유사하다. 한 손으로 빗자루나 진공청소기를 들고 허리를 숙이고 방과 방을 옮겨 다니면서 장애물은 손이나 발로 치우며 구석구석 청소를 한다. 마무리는 빗자루의 경우 쓰레받기로 이물질을 담아 버리고 진공청소기는 먼지 주머니를 빼서 버린다. 미처 청소하지 못한 머리카락이나 털, 가벼운 먼지 등은 걸레질로 마무리한다. 절차부터 사용법까지 매우 유사하다. 차이가 있다면 진공청소기가 먼지를 더 잘 빨아들이기 때문에 같은 자리를 여러 번 왔다갔다 할 필요가 없다는 점, 빗자루질할 때보다 팔의 움직임을 최소화시켜 준다는 점, 마무리가 비교적 간편하다는 점이 있지만 엄청난 차이는 아니다. 진공청소기가 세상에서 사라져도 사람들은 빗자루로 얼마든지 청소할 수 있다. 그런데 왜 사람들의 가정에는 청소기가 필수로 구비되어 있을까? 이것은 5 CORE 중에서 편의성 차별화로 설명할 수 있다.

사람은 한 번 편해진 것에 익숙해지면 다시 돌아가기 힘들다. 그것이 편의성으로 차별화한 상품이 지속적으로 판매되는 이유이다. 집 앞 편의점이 없어져 5분 더 걸어야 하는 불편함은 소비자의 강력한 니즈로 나타나며 그 소비자의 불편함을 해결해 주는 대체재는 반드시 등장한다. 5분 더 걷는 것이 그리 큰 불편함이 아닌데도 불구하고 말이다.

우리는 편한 것에 약하다. 편함은 비가역적이다. 즉, 한 번 편해지면 불편했던 과거로 돌아갈 수 없다는 것이다. 한 번 자기 차를 이용해 이동을 해본 사람은 차 없이 생활하기 어렵다. 어제 차가 없어졌다면 아마 오늘 차를 알아볼 가능성이 크다. 아무리 주머니 사정이 어려워도 차는 있어야 한다. 차가 있을 때 편하다는 것을 몸이 알아버렸고 몸이 알아버린 편함은 좀처럼 잊히지 않고 자꾸 불편함을 상기시킨다. 한 번 진공청소기를 사용해 봤다면 다시 수수 빗자루나 갈대 빗자루로 돌아가기 힘들다. 팔 몇 번 흔들어서 빗자루질하는 것이 그리 힘든 일도 아닌데 빗자루보다 거의 백 배는 비싼 진공청소기를 더 선호한다. 아예 빗자루는 사람들의 고려대상에서 빠져버렸다. 편의성 차별화는 이렇게 강력한 효과를 발휘한다. 조그만 편함이 엄청난 부가가치를 창출하는 것이다.

무엇을 편리하게 해야 할까?

———

우리가 어떤 상품을 소비하는 과정을 살펴보자. 우선 상품을 마트나 온라인에서 구매할 것이다. 그리고 집에 와서 포장을 뜯고 사용해 볼 것이다. 다 사용하고 나서 포장지, 잔여물 등을 버리거나 보관할 것이다. 소비는 이렇게 '구매-사용-후처리'의 과정을 거친다.

이 중 첫 번째 단계인 '구매'는 다시 '이동-구입-운반'의 과정이 필요하다. 두 번째 단계인 '사용'은 '전처리-가공-사용' 등의 과정을 거치며, 마지막 단계인 '후처리'는 '분해-보관-폐기' 등의 과정을 거치기도 한다.

우리는 단순히 물건을 '사서 쓰고 버린다'라고 단편적으로 생각하지만 소비의 과정은 생각보다 여러 단계를 거친다. 이렇게 과정이 많다 보니 곰곰이 생각해 보면 불편한 부분이 있을 수 있고 생각지도 못했고 잘 인지하지 못했던 불편함이 있을 수 있다. 따라서 사람이 편해질 수 있는 요소는 의외로 많다.

이제 구분한 소비의 과정을 좀 더 살펴보자. 구매를 할 때는 일단 매장을 방문해야 할 것이다. 방문할 매장이 멀리 있으면 이동을 많이

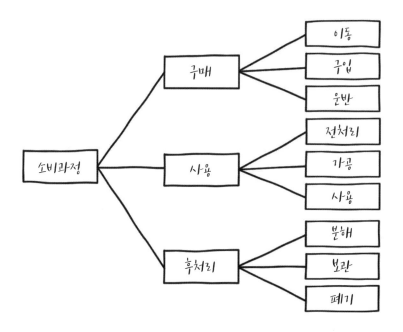

해야 한다. 이동할 때의 불편함은 무엇일까? 많이 걷거나 교통수단을 이용해야 할 수도 있다. 이에 따라 시간이 걸릴 수도 있다. 그렇다면 이동의 불편함을 개선해 주는 편의성은 무엇일까? 바로 이동하지 않고도 구매를 할 수 있는 것이 아닐까? 이것에 대한 대안으로 배달서비스가 나오고, 프랜차이즈 기업들은 매장을 최대한 늘려서 소비자가 구매할 때 겪어야 하는 이동의 불편함을 최소화시켜 준다.

배달서비스를 이용할 때 예전에는 동네 쿠폰북을 뒤적이거나 인터넷을 켜고 일일이 페이지를 옮겨 다니면서 탐색을 했다. 이러한 불편함을 개선시키면서 발전한 것이 '배달의민족' 같은 배달 앱이다. 배달 앱은 주문할 수 있는 음식들을 카테고리별로 구분해 주고 메뉴를 이미지와 함께 보여주며 기존에 이용해 본 고객들의 리뷰까지 모아서 보여준다. 탐색의 불편함을 해소시켜 주는 동시에 메뉴 선택을 잘못해 끼니를 망칠 수 있다는 공포까지 해결해 준다.

캠핑 문화가 발달하면서 캠핑용품이 호황을 맞고 있다. 캠핑에서 가장 중요한 용품이 바로 '텐트'이다. 굳이 캠핑이 아니더라도 공원이나 강변에 나들이 갈 때 텐트나 그늘막은 매우 중요하다. 그런데 텐트나 그늘막을 설치할 때 어렵다는 불편함이 있었다. 아마 한 번이라도 텐트를 설치했던 경험이 있는 사람이라면 텐트 설치가 어렵다는 말에 동의할 것이다. '설치가 어렵다'는 것은 바로 소비과정 중 사용의 불편함이고 정확히는 사용 전 가공의 불편함이라고 할 수 있다. 이러한 텐트의 사용과정상 불편함을 개선하면서 큰 인기를 끈 상품이 바로 원터치 텐트이다. 보통 텐트를 설치하는데 소요되는 시간은 개인의 숙련도에 따라 차이가 나지만 대략 10~20분 정도 걸린다.

그리 길지 않은 시간이지만 이 10~20분 사이의 불편함과 어려움을 해결하고픈 수요는 얼마든지 있다. 물론 원터치 텐트라고 해서 모두 원터치로 설치되는 것은 아니다. 사양에 따라 원터치로 설치되는 것도 있고 5~10분 정도 걸리는 것도 있다. 하지만 원터치 텐트는 설치할 때 10분 정도의 불편함을 개선함으로써 큰 성공을 거두었다.

　상품을 사용했다고 해서 그것이 소비과정의 끝이라고 이야기할 수 있을까? 그렇지 않다. 상품 포장지를 버려야 하고 사용한 상품이나 남은 부분은 보관해야 한다. 이런 상품의 후처리과정에도 불편함은 존재한다. 포장재를 줄인다던가 보관용기를 따로 제공해 준다던가 하는 부분은 후처리과정에서의 편의성을 제공해 주는 경우다. 최근 샛별배송과 프리미엄 식재료로 각광을 받고 있는 식품 배송 온라인 커머스업체인 마켓컬리는 배송할 때 사용한 박스나 아이스팩 등 포장재를 수거해 간다. 전날 주문하면 다음날 새벽에 받을 수 있는 샛별배송이라는 구매 편의성과 수거라는 후처리 편의성을 동시에 충족시켜 주는 경우다.

두부는 건강식·다이어트식으로 각광을 받고 있는 식품이다. 예전에는 시장이나 동네 두부공장에서 사오거나 배달이 많았지만 이제는 보통 마트에서 포장두부를 산다. 그런데 이 포장두부를 사와서 한 번에 다 먹으면 좋겠지만 그렇지 않은 경우도 많다. 남은 두부를 안전하게 냉장고에 보관하려면 밀폐용기에 남은 두부를 넣고 물로 채워서 보관해야 한다. 밀폐용기에 물을 채워서 보관한다? 그리 복잡하거나 어려운 작업은 아니다. 하지만 이것은 분명히 상품의 불편한 후처리과정이다. 이 후처리의 불편함을 개선해준 상품이 두부를 분리해서 포장한 투컵두부이다(4컵두부도 있다). 두부를 작은 크기로 만들어 분리된 두부용기에 담으면 한 컵에 들어있는 두부만 먹더라도 남은 한 컵은 공기노출 없이 편리하게 보관할 수 있다. 이 투컵두부는 다른 일반 포장두부의 치열한 프로모션 경쟁에서도 빗겨나 있고 수익성도 커 해당 두부회사의 든든한 효자상품이 되었다. 상품의 후처리과정에서 불과 몇 분의 시간, 몇 번의 작업을 줄여줌으로써 큰 성공을 거둔 경우이다.

입소문을 원한다면 편의성부터!

편의성 차별화는 소비자들 사이에서 전파속도가 상대적으로 빠르다. 편의성은 소비자들이 체감하는 효과(퍼포먼스)가 분명하기 때문이다. 신뢰성이나 기능성의 경우 그 효과를 빠르게 체감하기 어렵거나 오래 걸리는 경우가 많은데 편리한 것은 금방 안다. 예를 들어 안전한 식품은 진짜 안전한지 아닌지 그 효과를 잘 느끼지 못하고, 건강보조제나 기능성식품은 실제 그 기능이 직접적으로 느껴지려면 오랜 시간이 걸리는 경우가 많다. 하지만 편리한 것은 금방 느낀다. 소비자가 직접적이고 직관적으로 느끼는 효과나 혜택을 퍼포먼스라고 한다면 편의성 차별화는 이 퍼포먼스가 매우 좋은 5CORE이다. 따라서 상품의 인지율 확산속도나 바이럴 속도가 매우 빠르다.

앞서 소개한 마켓컬리의 경우 전날 주문하면 다음날 새벽에 배송해 주는 샛별배송이 대표적인 차별화 포인트다. 구매 편의성이 높을 뿐만 아니라 사용한 포장재까지 수거해 간다. 마켓컬리는 이처럼 편의성 차별화뿐만 아니라 프리미엄 식재료, 안전한 식재료라는 신뢰성 차별화 요소도 가지고 있다. 하지만 소비자가 직접적으로 느낄 수 있는 퍼포먼스는 주문하면 다음날 아침에 문 앞에서 바로 체험할 수 있는 샛별배송이다. 마켓컬리는 샛별배송과 프리미엄 식재료를 무기로 창업 약 5년만에 연 매출 1조원 수준의 기업이 되었다. 밤 11시 전에 주문하면 다음날 아침에 배달해 주는 충격적인 편의성 차별화는 강한 퍼포먼스를 구현해 냈고 그에 따라 빠르게 입소문이 퍼지게 되었다.

하지만 편의성은 다른 5CORE 차별화 속성에 비해 상대적으로 경쟁자가 따라 하기 쉬운 차별화이다. 편의성 차별화 포인트가 각광을 받으면 비슷한 제품들이 금방금방 나온다. 앞서 소개한 원터치 텐트의 경우에도 기술적으로 매우 어려운 차별화 포인트가 아니다 보니 거의 모든 아웃도어용품 브랜드에서 원터치 텐트를 판매한다. 따라서 다른 경쟁자가 쉽게 따라 할 수 없는 배타적인 권리를 미리 구축해 놓는 것이 필요하다. 그 권리는 특허가 될 수도 있고 러브마크로 성장한 브랜드가 될 수도 있고 대형 설비일 수도 있고 특별한 공간일 수도 있다. 물론 소비자의 마음속에 일찌감치 강하게 자리잡는 방법도 있다. 분명한 것은 향후에 경쟁자들이 비슷한 상품으로 도전했을 때 어떻게 대처해야 할지 미리 고민하고 그에 대응할 수 있는 방법을 확보해 두어야 한다는 것이다.

편의성 차별화에서 배타적 권리 확보는 필수다

포장두부는 포장을 벗길 때 용기 상단에 접착되어 있는 포장 필름을 손으로 뜯어내야 한다. 매우 대중적인 포장법이다. 문제는 이 포장필름을 손으로 뗄 때 힘이 들어가고 그 힘 때문에 포장두부 안에 있는 충진수(두부물)가 튄다는 것이다. 아무 생각없이 포장두부를 뜯다가 식탁이나 싱크대에 물이 튀는 경우가 다반사였다. 사용 전 포장 해체과정에서의 불편함인데, 그에 대한 해결책으로 한 포장두부 기업은 음압포장이라는 것을 개발했다. 원리는 간단하다. 포장두부의 포장은 크게 두 부분이다. 아래 플라스틱 재질의 단단한 용기와 윗부분을 덮는 포장필름이다. 두부 용기에 두부와 충진수를 넣고 윗부분을 필름으로 접합(실링, Sealing)하면 포장두부가 완성된다. 이 포장 공정에서 두부용기의 아랫부분에 일정 압력을 준 상태에서 두부와 충진수를 넣고 윗부분을 필름으로 접합하면 두부용기 전체에 일정한 압력이 걸리면서 포장을 뜯을 때 물이 튀지 않고 간편하게 뜯을 수 있다. 매우 간단하고 편리한 방법이다. 공정에서도 크게 무리될 것이 없고 두부용기 아랫부분에 압력을 주는 장치만 설치하면 된다.

그런데 이것에 배타적인 권리가 없다면 모든 두부기업들은 간단한 공정 정비만으로도 이 음압포장을 따라 할 수 있다. 하지만 이 포장 기술에는 특허, 즉 배타적 권리가 걸려 있다. 이처럼 특허나 상표권 등의 배타적 권리는 매우 기본적 요소이다. 따라서 기술은 물론이고, 기술에 네이밍을 하려는 경우에도 특허나 상표권 등 지적재산권 등록을 염두에 두어야 한다.

02

편의성 차별화의
장점

앞서 편의성 차별화는 경쟁자가 따라 하기가 비교적 쉬운 차별화 방법이라고 설명했다. 또한 편의성 차별화 자체만으로 완전하고 안정적인 차별화를 이루어 내기도 쉽지 않다. 따라서 메인 컨셉으로 편의성 차별화만을 강조하는 것은 임팩트가 약할 수 있다. 그럼에도 불구하고 편의성 차별화의 장점은 바로 빠른 확산과 비가역성(과거로 돌아갈 수 없는 성질)이다.

편의성의 장점은 빠른 확산과 비가역성

편의성 차별화는 퍼포먼스가 분명하다. 소비자가 느끼는 퍼포먼스가 확실하다면 소비자들 사이의 확산 역시 빠를 수밖에 없다. 상품의 경험률 증가도 빠르고 바이럴도 빠르며 프로모션 효과도 좋다. 따라서 편의성 이외에 다른 속성의 차별화 포인트가 있다면 더욱 빠른 성장이나 확산이 가능하다. 앞서 말한 포장두부 음압포장 기술을 가진 기업도 무첨가물이라는 신뢰성 차별화 포인트가 추가적으로 있었다. '무첨가물'은 메인 컨셉으로 매우 매력적인 차별화 포인트이다. 여기에 음압포장이라는 퍼포먼스가 좋은 편의성 차별화를 통해 매우 빠른 속도로 시장점유율을 올렸다.

앞서 편의성 차별화는 비가역적인 요소가 있다고 설명했다. 한 번 편해진 소비자는 다시 불편한 것으로 돌아가기 어렵다는 것이다. 만약에 편의성 차별화 요소가 분명한 퍼포먼스가 있고 그것이 소비자에게 강하게 인식된다면 경쟁 브랜드 혹은 기존 브랜드는 불편한 것이 된다. 이 분야에서는 우리 브랜드가 선두주자가 될 수 있다. 여기에 지속적인 배타적 권리가 확보되었다면 안정적인 매출 성장이 가능하고, 이 시장의 주도권은 일정 부분 우리 브랜드가 확보하게 된다. 편의성 분야에서는 소비자의 머릿속에 우리 브랜드가 먼저 자리잡게 되고 이후 브랜드 확장이나 상품 확장에서 유리한 위치에 서게 될 것이며 경쟁사의 공격을 효과적으로 수비할 수 있다. 이렇게 편의성 차별화는 속도와 비가역성 면에서 파괴력이 높은 속성이다.

사람들은 편한 것에 약하고
한 번 편해진 소비자는 다시 과거로 돌아가기 힘들다.
따라서 소비과정의 불편함을 개선하는 편의성 차별화는
큰 부가가치를 창출한다.

03

편의성 차별화의
목표

편의성 차별화 그 자체만으로는 시장 전체를 볼 때 임팩트가 강하다고 볼 수 없다. 신제품이나 새로운 서비스를 출시하는 대부분의 기업들은 누구나 자신들의 제품과 서비스가 획기적이고 편리한 컨셉을 가졌다고 생각한다. 하지만 실제로도 획기적이고 편리한지는 기업이 아닌 소비자가 결정한다. 즉, 모든 것은 소비자의 관점에서 생각해야 한다. 하지만 여전히 많은 기업들은 소비자 입장에서의 편의성을 고려하지 못한다.

또한 아무리 지적재산권을 확보했다 하더라도 유사한 기술이나 오히려 더 개선된 기술이 나올 수 있다. 특허를 확보했다고 안심하다가는 경쟁사의 더 뛰어난 특허에 밀릴 수도 있다. 남녀노소를 불문하고 한때 필수품이었던 삐삐는 휴대폰이 대체했으며 한동안 집에 필수품이었던 동네 배달음식점 쿠폰북은 이미 스마트폰 배달 앱으로 대체되었다. 한때 편리한 계좌이체의 대명사였던 텔레뱅킹은 인터넷뱅킹·

모바일뱅킹에 밀려 거의 찾아보기 힘든 서비스가 되었다. 기술과 시스템은 꾸준하게 진보한다. 기술, 설비, 특허 등의 지적재산권은 우리를 영원토록 지켜주는 요술방망이가 아님을 기억해야 한다.

습관을 장악하라

편의성 차별화의 목표는 나만 혼자 편리하다고 주구장창 외치는 것도 아니고 단지 지적재산권을 획득하는 것도 아니다. 시장에서 편의성 차별화로 소구하고 지적재산권을 획득하고 효과적인 프로모션을 하는 건 시작에 불과하다. 편의성 차별화의 진정한 목표는 소비자의 습관을 장악하는 것이다. 진공청소기는 몇 십분 정도 걸리는 빗자루질을 대체하여 소비자의 청소습관 자체를 장악했다. 비데는 몇 번의 손동작을 대체하여 우리의 화장실 문화를 변화시켰다. 온라

인뱅킹과 모바일뱅킹은 시간과 공간의 제약에 해방을 주어 금융서비스 이용습관을 장악했다. 편의성 차별화는 이렇게 소비자의 습관을 장악했을 때 궁극의 목표를 달성했다고 할 수 있다.

앞서 말한 편의성 차별화의 장점인 빠른 확산과 비가역성은 목표를 달성하는데 큰 역할을 한다. 다만 이것은 소비자가 인정하고 받아들여야만 퍼포먼스가 나타난다. 소비자는 편리함을 마다할 이유가 없다. 다시 불편함을 지닌 상태로 돌아갈 이유도 없다. 사용할 때마다 그 편리함을 경험하게 되면 이 편리함은 그 소비자의 습관이 되며 그 습관은 확산속도가 빠르다. 따라서 우리가 외친 편의성 차별화가 시장에서 분명한 성과가 있다면 무료체험행사 등을 통해 우리 제품과 서비스에 대한 고객의 직·간접 경험을 높이고 상품의 유통채널을 확대하는 것에 집중해야 한다.

"

편의성 차별화의 목표는
강한 퍼포먼스와 빠른 확산을 통해
소비자의 습관을 장악하는 것이다.

"

04

편의성 차별화의
세 가지 방법

구매 편의성

———

왜 프랜차이즈 기업들은 매장을 무한히 확장하고 싶어 할까? 시장을 장악하여 대체재나 경쟁자의 진입을 막으려는 전략적 이유도 있겠지만 구매 편의성 측면에서 효과가 좋기 때문이다. 멀리 걸어갈 필요도 없고 오래 기다리지 않으며 차를 타고 나가지 않아도 된다면 분명한 구매 편의성 차별화라고 할 수 있다.

우리는 빵이 먹고 싶을 때 어떻게 할까? 예전에는 동네 빵집들의 위치와 영업시간 그리고 판매하는 빵의 종류를 잘 기억하고 있다가 필요할 때 빵집에 방문해야만 했다. 하지만 지금은 그냥 동네 파리바게트에 가면 된다. 스마트폰으로 매장을 검색할 필요도 없다. 거기에 내가 찾는 빵이 있나 없나 고민할 필요도 없다. 우리에게 익숙한 거의 대부분의 빵이 준비되어 있고 매장마다 오픈시간과 마감시간이 거의 동일하다.

간단한 음식, 맥주, 담배 등을 살 때는 어떨까? 예전에는 동네 마트나 슈퍼를 떠올리고 그 슈퍼가 몇 시에 문을 닫는지 내가 찾는 맥주가 있는지 알아보고 갔을 것이다. 그런데 지금은 그냥 편의점에 간다. 편의점이 어디 있는지 몇 시에 문을 닫는지 검색할 필요도 없다. 편의점은 보통 5분 거리에 있고, 대부분 24시간 영업을 한다.

동네마다 위치해 있는 파리바게트는 소비자가 빵을 사는 습관을 장악했고, 집에서 5분 거리에 24시간 불을 밝히고 있는 편의점은 소비자들이 맥주나 담배를 사는 습관을 장악했다. 바로 구매를 편하게 해주면서 소비자들의 습관을 장악한 것이다. 아무리 매력적인 상품과 서비스라도 멀리 있으면 불편하다. 그럴 경우 그런 불편함과 귀찮음에도 불구하고 소비자가 기꺼이 사줄 정도로 우리 상품과 서비스가 충분히 매력적이어야 한다.

최근에는 여러 매장을 직접 돌아다니며 가격을 비교해 구매를 결정하는 불편한 구매과정을 없애준 온라인 커머스 서비스들이 폭발적으로 성장하고 있다. PC나 휴대폰의 클릭 몇 번으로 수많은 사이버 매장을 방문하며, 블로그나 카페는 상품을 상세하게 분석한 후기들이 다양하게 올라와 있다. 포털사이트에서는 가격비교도 해주고 결제도 아주 편하다. 예전에는 온라인에서 주문하면 배송에 2~3일 정도 걸렸으나 요즘은 대부분 주문 다음날 상품을 받는다. 하지만 소비자는 더 편해지길 원한다. 사람의 욕심은 만족을 모르고 그 욕심이 존재하는 한, 편의성에 대한 요구는 항상 존재할 수밖에 없다.

구매 편의성을 자세히 살펴보면 이동-방문-탐색-결제-운반의 단계로 구분할 수 있다. 물론 사업분야에 따라 이 단계는 조금씩 다르다. 주차시설이 부족하고 동네 구석에 있는 전통시장보다는 주차시설이 잘되어 있고 멀리서도 잘 보이는 큰 건물의 대형할인점이 방문 편의성은 더 높다. 한 가지 브랜드만 볼 수 있는 나이키 같은 브랜드 매장보다는 여러 브랜드가 모여 있는 ABC마트 같은 멀티숍이 상품과 가격을 비교하고 탐색하기 더 편하다. 대부분 현금으로만 구매가능한 가판대보다는 카드 결제는 물론 모바일 결제까지 가능한 편의점이 더 구매가 편하다. 봉투나 박스에 잔뜩 담아서 낑낑대며 집까지 들고 와야 하는 동네 슈퍼보다 배달까지 해주는 마트나 기업형 슈퍼마켓이 더 편하다. 이렇게 구매 편의성을 좀 더 세분하여 살펴보면 구매과정 곳곳에 편의성으로 차별화하여 성공한 경우를 많이 볼 수 있다.

사용 편의성

———

어떤 상품을 구매해서 사용하는 것은 구매의 불편함과 의사결정의 괴로움을 일시에 해소해 주는 즐거운 경험이다. 하지만 사용과정에서 이런 설렘과 기대를 망치고 불쾌감과 불편을 주는 경험을 누구나 한 번쯤은 해봤을 것이다.

막상 마음에 드는 옷을 사왔는데 그 옷에 어울리는 다른 옷이나 액세서리가 없어서 옷장에 처박아 두어야 하는 상황도 짜증이 난다.

TV에서 정말 맛깔스러운 파스타를 보고 저녁에 파스타를 먹고 싶은데 요리하는 과정이 귀찮아 도저히 엄두가 나지 않는다. 모처럼 아이들을 데리고 한강공원에 놀러갔는데 그늘막 텐트를 설치하려고 하니 설치가 어려워 긴장도 되고 스트레스도 받는다. 즐거워야 할 경험이 여러 가지 사용상의 이유 때문에 불편해진다. 이게 좀 더 편하고 덜 귀찮다면 그만큼 더 즐거워질 수 있을 것이다.

사용 편의성을 조금 자세히 살펴보면 분야에 따라 다르겠지만 크게 전처리(가공)단계와 사용단계로 나눌 수 있다. 전처리단계는 포장을 뜯거나 재료를 분류하는 등 실제 사용하기 전 단계이다. 배가 너무 고픈데 방금 전 배달 온 자장면의 랩 포장은 왜 이렇게 뜯기 어려운지 모르겠다. 배달음식에서 전처리단계의 불편함을 겪은 사람은 엄청나게 많다고 확신한다. 값싸고 잘 벗겨지는 새로운 배달음식 포장기술이 나온다면 큰 성공을 거둘 여지가 많다(애석하게도 아직 배달음식 랩 포장을 획기적으로 개선한 상품을 경험한 적은 없다). 앞에서 말한 설치하기 불편한 그늘막 텐트도 전처리과정의 어려움에 해당될 것이다. 이를 개선한 원터치 텐트가 성공한 것은 이 사용과정의 편의성, 즉 전처리과정의 편의성 차별화 덕분이다.

대형할인점뿐만 아니라 동네 마트에 가보면 파스타, 짜장, 냉면, 떡볶이 등 가공식품을 면과 소스 등과 함께 포장하여 판매하는 이른바 '밀키트' 상품들이 많다. 보통 2~6인분으로 판매되고 내부는 1인분씩 소포장되어 있어 편하게 먹을 수 있다. 조리법도 매우 간단한데, 면을 익히고 함께 포장된 소스를 그 위에 부어 먹거나 라면 끓이듯이 물이 끓으면 면과 소스를 함께 넣고 몇 분 더 끓인 후 먹으면 된다. 따로 재료를 준비할 필요도 없고 손질할 필요도 없다. 사람 수에 맞추어 재료를 계량할 필요도 없다. 이 또한 전처리과정의 편의성 차별화라고 할 수 있다. 밀키트 상품은 동네 작은 슈퍼에 가도 구비되어 있을 정도로 이제 규모 있고 안정적인 식품 카테고리가 되었다. 2000년대 초반부터 속속 등장한 밀키트 상품은 어느덧 2,000억원의 매출 규모를 가진 큰 시장이 되었다.

　최근 청소기 시장의 가장 큰 화두는 아마도 무선청소기일 것이다. 유럽 청소기 브랜드인 다이슨과 일렉트로룩스, 국산 가전 브랜드인 LG와 삼성, 가성비를 앞세운 샤오미를 필두로 한 차이슨 브랜드까지 무선청소기 시장의 규모가 커졌고 경쟁도 치열해졌다. 2021년 상반기 기준 전체 진공청소기 판매량 중에서 75%는 무선청소기가 차지하고 있다. 어느덧 무선청소기가 유선청소기를 앞지른 것이다.

　무선청소기와 유선청소기의 차이는 전원 선의 유무이다. 기능적으로는 유선청소기가 더 좋다는 평가가 우세하며 무선청소기의 경우 배터리의 사용기한이 짧아 주기적으로 교체해 줘야 한다. 그럼에도 불구하고 집안을 돌아다니며 청소할 때 전원 선 몇 번 옮겨 꼽는 사소한 불편함을 없애주었다는 이유로 무선청소기 시장이 빠른 성장세를 보이고 있다. 여기에 더해 브랜드간 경쟁이 치열해지면서 경량, 인체공학적 무게중심 설계 등으로 사용자를 더욱 편하게 해주는 다양한 컨셉의 편의성 차별화 상품이 속속 등장하고 있다.

후처리 편의성

상품 사용이라는 즐거운 과정을 끝내고 나면 다시 귀찮은 과정을 거쳐야 한다. 바로 후처리과정이다. 포장지를 분리수거하고 남은 음식이나 재료를 보관하고 설거지도 해야 하며 때로는 세탁을 해야 할 수도 있다. 특히 먹고 마시고 노는 즐거움을 만끽하고 난 이후에 하는 후처리과정은 다른 과정보다 훨씬 더 귀찮고 불편하다. 때문에 이 부분에서 소비자의 니즈가 발생하고, 당연하게도 여러 기업과 브랜드는 이러한 불편함을 해소하는 편의성 차별화로 많은 성과를 거두었다. 앞서 소개한 투컵두부 역시 보관이라는 후처리과정에서의 불편함을 해소하여 성공한 상품이다.

시간이 갈수록 1~2인 가구가 증가하고 있다. 이는 우리나라뿐만 아니라 유럽, 미국, 일본 등 세계적인 추세이다. 우리나라의 경우 2021년 9월 기준 전체 가구 중 1인가구 비중은 40.1%로 구성원별 가구 중에서 가장 비중이 높고, 2인가구까지 합치면 전체 가구의 60%를 넘어선다. 거의 2명 중 1명은 혼자 살거나 둘이 사는 가정이다. 이러한 거대하고 지속적인 인구통계학적 변화는 이미 여러 가지 메가트렌드를 만들어 내고 있다. 1~2인 가구를 대상으로 하는 상품과 서비스가 크게 성장 중이며, 그들의 라이프스타일과 가치관을 만족시키기 위해 기존 산업분야에서도 많은 변화를 시도하고 있다.

식품분야에서도 대응은 빠르게 진행 중이다. 가정간편식이라고 부르는 HMR^{Home Meal Replacement}은 말 그대로 가정식·집밥 등 집에서 만들어 먹는 주식을 대체해 간편하게 조리하는 가공식품을 말한다. 편

HMR(Home Meal Replacement)의 구분

| RTC (Ready To Cook) | RTH (Ready To Heat) | RTE (Ready To Eat) |

조리도구 필요   가열장치 필요   쓰레기만 치우면 됨
(설거지 필요)

의점 도시락, 냉장면류, 냉동밥, 삼각김밥, 라면, 마트 반조리식 등이 HMR의 범주에 포함되며, HMR을 넓게 정의하면 테이크아웃 하는 김밥이나 분식류도 포함된다. 이 시장은 1~2인 가구에 맞게 소포장이고 간편하며 귀찮은 과정없이 빠른 식사가 가능하기 때문에 폭발적인 성장세를 이어가고 있다. 저녁 퇴근길 고픈 배를 자극하는 형형색색의 편의점 도시락은 시장규모가 2017년 기준으로 5,000억원을 넘어선 것으로 추정되며, 이는 5년 전에 비해 6배가 넘는 엄청난 성장이다. 그야말로 대한민국은 HMR의 천국이 되어 가고 있다.

HMR을 세분하면 RTC^{Ready To Cook}, RTH^{Ready To Heat}, RTE^{Ready To Eat} 등 세 가지로 분류할 수 있다. RTC는 봉지라면, 냉장면류, 부대찌개나 알탕 같은 마트 반조리식 등 조리기구에 넣어 조리해 먹을 수 있도록 만든 HMR이다. RTH는 컵라면, 편의점 도시락, 냉동밥 등 전자레인지에 데우거나 뜨거운 물을 부어 데운 후 먹을 수 있도록 만든 HMR이다. RTE는 삼각김밥이나 테이크아웃 조리식품 등 조리하거나 데울 필요 없이 바로 먹을 수 있는 HMR이다.

그렇다면 이렇게 RTC, RTH, RTE를 나누는 기준은 무엇일까? 간편함의 차이라고 할 수 있다. 조리를 하고 먹는 일련의 과정이 얼마나 걸리느냐, 얼마나 어렵냐의 차이라고도 할 수 있다. 그중에서도 후처리과정의 편의성이 많은 비중을 차지하고 있다. RTC와 RTH의 차이는 조리기구의 사용 여부이다. 조리기구를 사용한다는 것은 설거지 등의 후처리과정이 필요하다는 것이다. 봉지라면이 RTC이고 컵라면이 RTH라고 보면 이해가 쉬울 것이다. 봉지라면은 먹고 나면 냄비나 수저의 설거지가 필요하다. 컵라면은 설거지할 필요 없이 남은 용기나 나무젓가락은 버리면 끝이다. 냄비에 넣고 물만 부어서 끓이면 먹을 수 있게 만든 부대찌개 같은 마트 반조리식과 데우기만 하면 되는 편의점 도시락은 실상 냄비를 설거지하는 몇 분 정도의 후처리과정 차이밖에 나지 않지만 시장규모는 편의점 도시락이 비교도 안될 정도로 크다(물론 여기에는 매장의 수와 입지도 큰 영향을 준다). 이렇듯 후처리과정의 불편함과 귀찮음을 몇 단계 해결해 주는 것만으로 큰 경쟁력이 된다. 따라서 폐기, 보관, 세척, 분해 등 후처리의 모든 분야에서 소비자의 불편함을 해소시켜 줄 필요가 있다.

"

소비과정은
구매–사용–후처리의 단계로 구분할 수 있으며,
각 소비단계별로 방문·구입·운반·가공·사용·보관·폐기 등
소비의 모든 단계에서 다양한 편의성 차별화가 가능하다.

"

05

편의성 차별화의
구축방법

소비자의 사용경험 속에 편의성 차별화가 있다

상품은 오랜 기간의 기획과 개발로 잉태되고 생산공정이라는 임신기간을 거쳐 매대 진열대에 놓이면서 탄생한다. 소비자는 이렇게 탄생한 상품을 마트나 온라인 쇼핑몰에서 만나 입양하여 즐겁게 사용하고 잘 관리하면서 상품의 생애주기를 보내고 마지막으로 폐기하거나 재판매하며 마무리한다. 이때 상품의 생애주기를 총괄하고 번영하게 해주는 사람이 마케터라면 이들은 상품이 더 활발하고 잘 살아남을 수 있도록 상품의 생애를 면밀하게 관찰할 필요가 있다. 이러한 모든 과정이 편의성 차별화와 관련이 있다.

예전에 다니던 회사에 열정적인 선배가 있었다. 이 선배는 평일은 물론 주말에도 자기 시간을 써가며 마트나 백화점에서 고객들을 관찰하는 게 일상이었다. 카트를 끌고 쇼핑을 하는 고객을 정하고 그 고객 뒤를 졸졸 따라다닌다. 그 고객이 어떤 동선으로 이동하는지 어떤 상품을 유심히 살펴보는지 시식은 하는지 시식한 상품을 실제로 구매하는지 어떤 상품을 망설임 없이 카트에 집어넣는지 어떤 상품을 결국 구매에서 포기하는지 살폈다. 한 고객의 관찰이 끝나면 다른 고객으로 넘어갔다. 한 시간이고 두 시간이고 끈질기게 관찰했다.

선배는 고객이 어떻게 상품을 탐색하고 어떻게 결제하는지 고객의 구매단계를 관찰한 것이다. 물론 구매 편의성을 염두에 둔 관찰은 아니겠지만 이렇게 고객의 구매과정을 관찰하는 것은 매우 중요하다. 이러한 심도 있는 고객 관찰은 단순히 마트에서 구매과정을 탐색하는 것을 포함해 구매-사용-후처리 등 모든 단계의 소비과정을 탐색할 필요가 있다.

소비과정을 다시 한 번 기억해 보자. 크게 구매-사용-후처리 등의 과정이 있고, 이를 다시 세분화해 보면 구매는 이동·방문·탐색·결제·운반의 절차로 이뤄지고, 사용은 전처리(가공)·사용 등의 과정으로 이뤄지며, 후처리는 폐기·보관·세척·분해 등으로 구분할 수 있다. 물론 분야에 따라 그 과정이 더 있을 수도 있고 덜 있을 수도 있다.

매장의 경우 여러 가지 교통수단으로 이동할 것이고, 온라인 쇼핑몰이라면 포털·블로그·검색광고 등 여러 경로를 타고 이동할 것이다. 따라서 오프라인 매장은 이동이 쉽도록 소비자의 생활권에서 가까워야 하며, 매장도 곳곳에 있어 힘들게 이동하는 것을 해결해 줘야 한다. 온라인이라면 다양한 경로를 통해 페이지 접근이 쉽거나 혹은 검색할 때 기억하기 쉽도록 만들어 줘야 한다. 때문에 바탕화면에 바로가기 아이콘을 만들거나 즐겨찾기 추가 프로모션을 진행하기도 한다.

이동을 한 후에는 주차(오프라인), 로그인(온라인/모바일) 등의 절차를 통해 방문을 한다. 가능한 한 주차시설을 확보해야 하고 매장까지 가는 동선을 최대한 단축해야 한다. 때문에 같은 상가라도 1층과 2층의 월세 차이는 크다. 온라인상에서도 가입과 로그인의 절차를 쉽게 만드는 노력이 진행된다. 특히 요즘은 로그인 절차를 간소화하여 네이버·카카오톡·페이스북 아이디 등으로 간단하게 로그인하는 서비스가 많이 보급되었다. 바로 방문절차를 간편하게 해주는 편의성 차별화 요소이다.

상품의 진열은 소비자가 익숙한 형태로 일목요연하게 진열해야 한다. 우리가 자주 가는 이마트나 홈플러스 등 대형할인점에서는 표준화된 상품 진열 매뉴얼을 통해 소비자의 구매습관을 적용한 체계적인 진열정책을 펼치고 있다. 어느 매장을 가더라도 비슷한 위치에 비슷한 상품이 진열되고 있는데, 우리가 익숙하고 편하게 상품을 찾을 수 있는 이유가 이 때문이다. 또한 가격을 비교하기 쉽도록 소비자가 격뿐만 아니라 g, ml 등 단위당 가격을 표시하기도 한다. 상품 정보를 상세히 전달해 주는 판촉사원을 두기도 하고 QR코드 등을 통해 스마트폰과 연계하여 상품 탐색을 용이하게 해준다. 온라인에서는 가격비교 사이트의 상위에 올리기도 하고 네이버쇼핑과 연계하기도 한다. 자사몰에서 판매하는 경우라면 검색기능을 강화해 고객이 찾는 상품을 손쉽게 보여주기 위해 노력한다.

탐색이 끝나고 구매결정을 했으면 간편한 결제가 필요한데, 결제를 간편하게 해주는 수많은 서비스가 속속 등장하고 있다. 신용카드는 물론이고 모바일결제, 각종 핀테크 등 판매자 입장에서 판매의 최종단계인 결제는 절대로 소홀히 다룰 수 없는 부분이다. 지금이야 신용카드 사용 비중이 절대적으로 높고 그 외에 다양한 핀테크 결제방법이 뒤따라오는 형태지만 향후에 어떻게 변화할지는 누구도 모른다. 대형 유통사든 소규모 자영업자든 판매의 최종단계인 결제에서 불편함을 준다면 지속성장은 요원한 문제다.

소비재 마케팅을 하는 많은 회사들에게도 다양한 변화가 생겼다. 소비자의 상품 사용경험에 대한 관심이 대단히 높아졌고 관찰조사의 비중이 높아졌다. 회사 내에 주방시설을 갖춰 놓고 여러 소비자를 불러 조리하는 과정을 관찰카메라를 통해 관찰하기도 하고 대규모 소비자조사단을 운영하기도 한다. 상품을 사용하기 전 어떻게 분해하고 어떻게 조립하는지 등을 살펴보기도 한다. 사용경험에서 어떤 불편함이 있는지 어떤 다른 속성의 니즈가 발생하는지 알아보는 과정이다. 이 과정을 통해 가장 크게 개발되는 부분은 아무래도 쉽게 확인할 수 있는 편의성 부분일 것이다. 아무래도 기능성이나 신뢰성 등 다른 속성은 효과 확인이 어렵거나 오랜 시간이 걸리는 반면에 편의성은 바로 개선점이 보이기 때문이다.

보지 않거나 듣지 않거나 경험하지 않으면 알 수 없는 정보는 큰 시장기회를 제공해 준다. 따라서 내가 판매하는 상품을 직접 사용해 보고 느껴야 하며, 소비자의 소비과정을 항상 면밀히 관찰하는 것 또한 마케터에게 새로운 기회를 제공해 준다. 지우개를 자주 잃어버리는 가난한 화가의 관찰과 경험을 통해 지우개가 달린 연필이 탄생했고, 스위스 군대를 관찰하고 다양한 활용도를 탐색한 나이프 제작업자에 의해 맥가이버 칼이라고 불리는 스위스 아미 나이프가 탄생했다. 연필과 지우개 같이 보완재가 필요한 상황에서 이러한 보완재들을 조합^{Convergence}하는 방식은 편의성 차별화의 효과적인 방법이다.

현장에서 멀어진 마케터의 능력이 좋아질 리는 없다. 상품이 태어나서 판매되고 사용되고 폐기되거나 분해되어 그 생을 다하는 모든 과정이 편의성 차별화의 기회이고, 이러한 차별화는 소비과정의 면밀한 관찰에서 오기 때문이다.

소비자의 불편한 경험을 자극하라

소비자들은 의외로 자신이 겪는 불편함을 잘 느끼지 못한다. 빗자루만 쓰고 휴지만 쓰던 사람은 자신들의 불편함을 못 느낀다. 청소기나 비데가 등장할 때까지는 말이다. 따라서 편의성 차별화를 소구하는 입장에서는 소비자가 잘 모르는 불편함을 먼저 발굴하고 먼저 자극하고 먼저 해결해야 한다. 소비자가 불편함을 느낀 후에 대응하는 것은 대부분 너무 늦다. 우리보다 더 빠르고 더 큰 경쟁자가 언제나 존재하기 때문이다. 상품의 소비과정을 면밀하게 관찰하고 거기서 불편한 지점을 먼저 발견하고 그 불편함의 해결책을 상품화한다면 새로운 구매 수요를 발생시킬 수 있는 것이다.

소비자가 느끼는 불편함을 잘 알고 그것을 감수하고 있는 시장도 있다. 그런 경우는 그 불편함을 해소하는 것이 아직 불가능하거나 그 불편함을 해소하는 비용이 너무 크기 때문일 것이다. 우리는 누구나 중국집에서 배달해 주는 자장면 포장 랩을 벗기는 것이 몹시 귀찮고 불편하다는 것을 알고 있지만 그것을 속 시원히 해결해 주는 경우를 보지 못했다. 이처럼 소비자가 불편함을 이미 잘 알고 있는 분야는 편의성 차별화가 어렵다. 만약 소비자가 불편함을 잘 알고 있는 분야가 있는데 비용 등의 이유로 확산이 어렵다면 그것은 경제성 차별화 측면에서 해결해 주는 것이 더 타당할 것이다. 따라서 시장성을 확보하기 위한 편의성 차별화는 소비자가 잘 모르고 있던 불편함을 해결해 주는 것이 효과적이다.

체험마케팅을 적극 활용하라

편의성은 퍼포먼스가 확실하다. 이 상품이 편하다, 안 편하다는 금방 드러나기 때문이다. 확실한 퍼포먼스를 갖춘 편의성은 바이럴이든 경험률이든 그 확산속도가 빠르다. 따라서 편의성 차별화를 소구하려면 적극적인 체험마케팅이 효과적이다. 고객이 일단 써보게 하거나 간접적으로 체험하게 해야 소비자가 모르고 있던 불편함이 자극되고 확실히 퍼포먼스를 전달할 수 있다.

진공청소기를 개발한 후버의 예를 들어보면 출시 초기에는 보급속도가 매우 느렸으나 10일간 무료체험 등 공격적인 체험마케팅 활동을 펼친 결과 대중화에 성공했다. 후버가 청소기를 개발했던 그 옛날에도 편의성 차별화의 체험마케팅은 그 위력을 발휘했다. 지금도 후버 브랜드는 미국에서 가장 대중적인 브랜드로 명맥을 이어가고 있다.

편의성 차별화 소구는 소비자가 직접 만지고 살펴보고 직접 전해 들어야 그 효과가 크다. 특히 지금은 다양한 샘플링, 무료체험, 체험관, 바이럴 등을 통한 간접경험 확산이 다각도로 진행되고 있다. 만약에 나의 브랜드가 편의성을 차별화하는 브랜드이고 이를 소구하는 마케팅 채널이 ATL/BTL 광고, PPL, 애드버토리얼, 바이럴, 크로스셀링 등 여러 개가 있다고 하면 그중에서도 소비자가 직접적으로 경험할 수 있는 채널과 방식을 선택하여 마케팅에 집중하는 것이 좋다. 사람이 많이 오가는 지하철 역사나 쇼핑몰에 체험관을 설치하거나 우리 상품을 구매하면 증정품으로 무료샘플을 주는 직접 체험방법, 그리고 PPL이나 유튜브 등 동영상 바이럴도 좋은 마케팅 툴이다. 체험마케팅이 편의성 차별화에만 효과가 좋은 것은 아니지만 편의성 차별화에는 체험마케팅이 다른 마케팅에 비해 효과가 좋다.

빗자루만 쓰던 시절에는 '진공청소기가 편하면 얼마나 편하겠어'라고 생각했겠지만 일단 진공청소기를 써보면 다시 빗자루를 쓰기가 여간 불편한 게 아니다. 이렇듯 소비자의 불편함을 자극하기 위해선 편한 것을 어떻게든 경험하게 해주어야 한다.

배타적 권리의 획득

편의성만으로는 지속적인 시장지위를 확보하기 어렵다. 편의성이라는 것이 그 자체만으로 소비자 편익이 오래 지속되는 것도 아니고, 경쟁사가 따라 하기 쉽고 경쟁사가 더 편한 것을 개발할 수도 있기 때문이다. 따라서 지속적인 경쟁력이 되도록 하는 노력이 필요하다.

1) 물리적 권리

가장 효과적이고 보편적인 것은 특허권·지적재산권 등 법적인 보호이다. 특허권의 경우에는 현행법상 그 존속기간이 특허 출원일로부터 20년이다. 20년 동안은 법적인 보호를 받을 수 있고 특정한 사유가 있을 때는 5년이 더 추가될 수도 있다. 앞서 설명한 포장두부 음압포장 역시 특허권으로 법적인 보호를 받는 경우이다. 또한 나의 상품이 특정 특허를 등록했을 때 다른 회사가 나의 특허 상품을 개량하여 특허를 신청하려면 나의 허가가 있어야 한다는 이점도 있다.

법적인 보호뿐만 아니라 대규모 설비투자 등을 통해 전략적으로 지속적 권리를 누릴 수도 있다. 편의성 차별화 상품을 위해 기업이 대규모로 투자를 해두었다면 경쟁사가 쉽게 해당 시장에 진입하기 어렵다. 만약 경쟁사가 진입하려면 출혈경쟁을 각오해야만 하기 때문이다. 따라서 대규모 설비투자를 통해 시장에 진입장벽을 만드는 것도 경쟁에서 우위를 점할 수 있는 좋은 방법이다. 때로는 공급처 장악을 통해 배타적 권리를 행사할 수도 있다. 핵심적인 공급처를 정한 후 그 공급처에 대한 구매력을 집중해 협상력을 강화할 수 있다. 실제로 대기업의 공급처 정책에서 흔히 볼 수 있는 방법이다.

이처럼 경쟁에 대비해 편의성 차별화의 이점을 오래 누릴 수 있는 방법을 법적·전략적으로 미리 마련해야 한다.

2) 심리적 권리

법적인 보호 등의 물리적 권리는 영원히 지속가능한 권리가 아니다. 특허권은 아무리 길어봤자 기간이 만료되게 되어 있고 때로는 더 편한 기능이 개발되어 시장을 흔들 수 있다. 시장규모가 일정하게 형성되고 성장도 지속된다면 결국 경쟁사가 진입할 수밖에 없으며 공급업체도 증가할 수밖에 없다. 아무리 물리적 권리가 탄탄해도 결국 경쟁은 발생할 수밖에 없다. 또한 경쟁이 모두 부정적인 것도 아니다. 경쟁사가 내 영역에 진입한다는 것은 내 상품이나 브랜드의 시장 지위가 그만큼 커졌다는 의미이기 때문이다.

이러한 경쟁에 대비하여 소비자의 심리를 장악해야 하는데, 여기에는 결국 마케팅과 브랜딩이 필요하다. '청소기는 다이슨이지' '비데는 코웨이지' '배달은 배달의민족이지'처럼 고객이 떠올리는 특정 상품이나 영역에서 우리의 제품을 먼저 떠오르게 만들어야 하는 것이다.

편의성 차별화뿐만 아니라 다른 속성의 차별화에도 소비자의 마음 속에 강하게 자리잡아야 하는데, 그러기 위해서는 끊임없는 편의성 개선과 자기극복이 필요하다. 지금 편의성 차별화로 시장에서 성과를 보이고 있다 하더라도 인간은 더 편한 것을 원한다. 따라서 편의성 차별화는 지속적으로 개발해야 한다.

사람은 서있으면 앉고 싶고 앉으면 눕고 싶고 누우면 자고 싶은 것이 본능이다. 편함을 추구하는 것은 어쩔 수 없는 탐욕이다. 탐욕은 좀처럼 만족을 모른다. 그 끝 모르는 탐욕 추구가 편의성 차별화의 기반이다. 그 끝 모르는 탐욕에 맞추어 끝 모르는 자기극복과 개발이 필요하다.

편의성 차별화를 하려면
소비자의 소비단계 전체를 면밀히 관찰할 필요가 있고,
이를 통해 관찰된 소비자의 불편한 경험을 지속적으로 자극하여
편의성 차별화 상품의 필요성을 극대화시켜야 한다.
편의성 차별화의 지속적인 구축을 위해
법적·물리적 권리를 획득해야 하며,
궁극적으로는 소비자의 머릿속에
편의성 이미지를 강하게 심어줘야 한다.

06

편의성 차별화의
사례

아이폰이 세상에 나온지 10년이 지난 지금, 우리는 생활의 많은 부분을 스마트폰과 함께한다. 음식을 시키고, 이용가능한 주차장을 찾고, 차를 수리하고, 집을 알아보는 것도 스마트폰을 통해 해결한다. 심지어 보험을 비교하고 가입하는 것도 스마트폰을 통해 해결하고 성형수술도 스마트폰을 통해 알아보고 예약을 한다. 이 모든 것을 가능하게 해주는 서비스가 바로 O2O^{Online to Offline} 서비스이다. 배달의민족, 야놀자, 카닥, 다방, 굿리치, 바비톡, 모두의주차장 등 스타트업에서 성과를 이어가고 있는 업체들이 온라인과 오프라인을 결합한 서비스를 통해 성장하고 있다. 이들 서비스에는 여러 가지 차별성이 있겠지만 그중 편의성 차별화는 가장 강력한 장점이다.

과거에는 쿠폰북을 뒤적이거나 정체 모를 인터넷 후기를 보며 구매 의사결정을 했다. 주차를 하기 위해 시내를 뱅뱅 돌았고 집을 알아보려 몇 날 며칠을 발품을 팔아가며 거리를 헤맸다. 하지만 이제는

O2O 서비스를 통해 간편하게 해결할 수 있다. 사람들이 구매시 겪었던 불편함을 한 번에 해결해 주는 서비스이다. 물론 좀 더 싸게 살 수 있는 경제성 차별화도 존재하고 금전적인 피해도 최소화할 수 있는 신뢰성 차별화도 존재한다. 하지만 우리가 O2O 서비스를 이용하는 이유는 이런 구매시의 불편함을 해결해 주어 매우 간편하고 빠른 구매와 사용을 가능하게 해줬기 때문이다. 간편하고 빠른 구매는 소비자 입장에서도 이익이지만 판매자 입장에서도 많은 이득을 가져다 준다. 구매를 편하게 해주면 판매가 늘어날 수밖에 없기 때문이다.

이들 O2O 서비스의 발전가능성을 높이 평가하는 또 다른 측면은 바로 이들 서비스들이 소비자의 습관을 충실히 장악하고 있다는 점이다. 배달음식을 주문할 때 자연스럽게 배달 앱을 켠다. 이사 갈 때쯤 되면 먼저 컴퓨터 앞에서 부동산 앱을 켜고 지도 위에 펼쳐진 부동산 매물들을 검색한다. 여행지에서 숙박을 할 때도 숙박 앱을 켜고 반경 몇 km 이내의 숙소를 검색하는 것이 이제는 자연스럽다. 한번 O2O 서비스에 익숙해진 소비자들은 다시 예전으로 돌아가기 힘들다. 이렇게 소비자의 생활습관을 어느 정도 장악한 이 시점에서 O2O 업체들 간의 경쟁으로 인한 특정 브랜드의 도태는 있을지언정 O2O 서비스 자체가 쇠락하는 것은 당분간 없을 것이다.

또한 앞으로 이러한 O2O서비스는 다양한 분야에서 발전할 것이다. 동물병원, 키즈카페, 찜질방 등 동네에 혹은 온라인상에 파편처럼 퍼져 있는 분야가 있다면 얼마든지 O2O 서비스로 엮을 수 있다. 그리고 이러한 O2O 서비스는 지속적으로 소비자의 생활습관을 장악해 나갈 것이다.

4장

CORE_4

신뢰성
불안하니까 믿는다

01

신뢰성 차별화

사람들은 불안할 때 믿을 수 있는 존재를 찾는다

사람들은 자신이 잘 모르거나 세세히 알기 어려울 때 불안과 공포를 느낀다. 그리고 그 분야에 대해 잘 알 것 같은 사람이나 믿을 수 있는 존재를 찾게 된다. 이렇게 반문할 수도 있다. '그렇다면 당신이 불안해 하는 그 분야에 대해 열심히 알아보고 공부하다 보면 잘 알게 되고 잘 알면 불안이 해소되는 것이 아냐?'라고…. 물론 그럴 수도 있다. 하지만 우리는 먼 옛날에 비해 수천, 수만 배를 더 많이 알고 있지만 여전히 불안은 해소되지 않는다. 오히려 더 불안감이 늘어난 느낌이다.

나는 식품회사에서 10년 동안 일하며, 식품에 대한 다양한 지식과 정보를 접할 수 있었다. 그러다 보니 식품첨가물과 원재료의 유통과정에 대해서도, 어떤 식품이 좋은 식품이고 위험한 식품인지 일반인보다는 더 많이 안다고 자부한다. 그래서 식품에 대한 불안감이 많이 해소되었는가? 그렇지 않다. 식품회사에서 일하기 전보다 더 많은 것을 알게 되었지만 그 지식수준에 비례하여 내가 아직 모르는 것이 많다는 것도 알게 되었고, 과거 내가 잘못 알고 있었다는 사실도 알게 되었다.

내가 예전에 알고 있던 지식이 현재는 틀린 지식일 수도 있다. 여전히 나는 식품에 대해 잘 모르기 때문에 우리 아이가 먹는 음식에 대해 불안하다. 그러다 보니 점점 특정 브랜드를 많이 구매하게 되고 '이 브랜드 정도면 믿을 만해' '작정하고 소비자를 속이지는 않을 거야'라는 믿음이 더 강하게 자리잡았다. 다행인 것은 내가 그 브랜드에서 일했다는 점이고 그 브랜드에 대한 신뢰의 근거를 가지고 있다고 믿기 때문에 불안이 크게 감소했다는 점이다. 사람은 잘 모를 때 불안하고 결국엔 잘 알 것 같은 존재를 찾게 된다. 내가 그 브랜드를 신뢰하는 것처럼….

신뢰성의 강도는 불안과 불신의 강도에 비례한다

어떤 분야에 대해 불안과 불신이 크다면 그것을 해결해 주는 존재에 대한 신뢰도는 그에 정비례하여 증가한다. 내가 만약 일반식품에 대해 큰 불안감을 가지고 있다면 그만큼 유기농식품에 대한 신뢰와 의존은 비례하여 커진다. 따라서 당신이 소비자의 불안감을 자극할 수 있고 그 해결책이 될 수 있다면 신뢰성 부분에서 강한 충성도를 확보할 수 있다. 이처럼 모순적이게도 신뢰성 차별화를 하려면 소비자에게 우선 불안감을 줘야 한다. 소비자들이 불안감을 느끼는 부분을 파악하여 그것을 효과적으로 자극하며, 최종적으로는 그에 대한 해결책을 제시해 주고 소비자의 인정을 받는 과정이 신뢰성 차별화의 과정이라고 할 수 있다.

사람마다 불안과 공포를 느끼는 분야는 다양하다. 어떤 이는 먹는 것에 대해, 어떤 이는 병원에 대해 굉장한 불안과 불신을 가지고 있고, 심지어 은행에 대해 엄청난 불신을 가지고 있는 경우도 봤다. 이처럼 사람들의 불안·불신·공포의 분야는 다양하지만 그들이 그런 감정을 가지는 과정은 대체로 비슷하다. 자신이 직접 겪었던 경험, TV 등 미디어를 통한 간접경험, 주변 사람들의 사례를 목격하며 쌓인 선입견 등이 주요한 원인이 되며, 이런 대안이나 해결책 역시 불안감을 가지게 된 계기와 마찬가지로 몇 번의 직접경험, 미디어를 통한 조각조각의 정보 습득, 주변 사람의 몇 가지 사례나 추천을 통해 이루어진다. 그리고 이렇게 찾은 대안이나 해결책은 그 사람에게 절대적인 지식이 되고 굉장히 강한 신념으로 나타나기도 한다.

모순적이지만 불안과 불신을 가지게 되는 경로와 그에 대한 대안을 마련하는 경로는 대부분 비슷하다. 따라서 사람이 미디어 혹은 주변 사람의 영향을 많이 받아 특정 분야에 유별나게 강한 불안과 불신을 가지고 있다면 반대로 미디어 혹은 주변 사람이 형성해 준 대안에도 유별나게 강한 의존과 신뢰를 보내는 경우가 많다. 달리 말하면 나의 불안감을 해결해 주고 나에게 신뢰를 주는 존재가 알고 보면 나에게 불안감을 줬던 존재와 동일한 경우가 많다.

마케팅은 사기가 아니다

———

한때 사회적 문제가 되었던 '안아키(약 안 쓰고 아이 키우기)' 카페의 경우 일반인이 보기엔 정말 말도 안 되는 아동학대로 논란이 되었다. 2013년 한의사가 만든 이 인터넷 커뮤니티는 회원 수가 6만 명을 넘을 정도로 유명했는데, 이들은 병원이나 의사에 대해 아주 강한 불신과 거부감이 있어 기존의 의료체계와 질병에 대한 치료지식을 전면 거부한다. 이들은 자연주의 치료법이라고 주장하며 자연면역을 중시하지만 사실 이는 증명된 바가 전혀 없고, 오히려 매우 위험하다는 것이 전문가의 일관된 의견이다. 실제로 '안아키' 카페 회원의 자녀들 중에는 질병이 심해져 심각한 상태에 이르러서야 병원을 찾은 경우도 있고 이로 인해 평생 갈 후유증이 발생한 경우도 있다. 하지만 회원들은 여전히 '안아키'의 치료법을 신뢰하며 그들의 치료법에 여전히 의존하고 있다. 그들은 의료시스템과 의학지식에 너무 강한 불안과 불신을 가지고 있고 그에 비례하여 그 대안, 즉 신뢰성이 부여된 존재에 너무 강하게 의존하고 믿음을 보낸다. 아무리 카페를 없애고 사회적으로 경계한다고 해도 그들은 여전히 아무도 모르게 스스로 변호하며 살아남을 것이다.

'안아키' 회원들은 왜 그렇게 기존 의료시스템에 대해 불신을 가지게 되었을까? 처음에는 주변 지인의 의견이나 미디어를 통해 조각조각 정보를 접했을 것이고 조각조각의 정보가 '안아키'를 통해 불신의 근거로 재조직되고 체계화되었을 것이다. 아마도 한의사라는 창립자가 그 불신의 근거를 체계적으로 제공했을 것이고 기존 회원들이 창립자 주장의 근거가 되고 증인이 되었을 것이다. 또한 창립자가 제시하는 비상식적인 해결책에 대해 기존 회원들이 증명해 주고 증언해 줌으로써 맹목적인 신뢰가 강화되었을 것이다. 그렇게 창립자와 기존 회원들은 다른 회원에게 불안과 불신의 근거를 심어주고 다시 자신들이 그 해결책이 된 것이다. 회원들의 불안과 불신의 크기만큼 창립자와 회원들 서로에 대한 신뢰와 의존도 커졌을 것이다.

이처럼 불신을 체계화한 주체와 그 불신을 해결하는 주체가 사실은 같은 사람들이다. 그렇게 구축된 강한 신뢰와 충성은 여간해서 깨지지 않는다. 이는 신뢰성 차별화의 가장 대표적인 사례이자 가장 안 좋은 사례이다. 사이비 종교, 극단적 정치세력, 사기 등 근거 없는 불안과 공포와 불신 그리고 맹목적인 신뢰의 현장은 모두 위와 유사한 매커니즘으로 작동한다. 참고로 '안아키' 카페는 2017년 5월 폐쇄되었는데, 이후 유사한 카페들이 생겨나며 역시 비슷한 논란을 빚고 있다.

마케팅에서의 신뢰성 차별화도 선악의 차이가 있고 정도의 차이는 있지만 유사한 매커니즘이고, 신뢰성 차별화를 한마디로 이야기하자면 병주고 약주는 주체가 되어야 한다는 것이다. 다만 그것이 올바른 정보와 올바른 해결책이 되어야 한다. 그렇지 않다면 지속성에서 문제가 생긴다. 그릇된 정보와 과장되거나 허구의 해결책으로 사람을 현혹시키는 것은 사기다. 마케팅과 사기는 엄연히 다르다. 하지만 신뢰성 차별화를 잘못 구사하면 마케팅과 사기를 아슬아슬하게 넘나들 수밖에 없고 그런 줄타기는 결국 오래가지 못한다. 지속적으로 소비자들에게 신뢰라는 이익을 주고 싶다면 올바른 정보와 올바른 해결책을 항상 염두에 두어야 한다.

신뢰성 차별화의 특징

———

신뢰성 차별화는 구매자와 사용자가 다르고 그들이 밀접한 관계일 때 효과적이다. '안아키'의 회원들은 왜 그렇게 근거 없는 불안과 맹목적인 신뢰에 빠지게 되었을까? 왜 우리는 자녀나 배우자, 부모, 연인의 일에 민감할까? 여기에 신뢰성 차별화의 특징이 있다. 사람은 대체로 자신에게는 관대하고 타인에게는 엄격하다. 이를 달리 말하면 자신의 일에는 둔감하고 가까운 사람의 일에는 민감하다는 의미이다. 자신의 건강은 과신하는데 자녀의 건강에는 극도로 민감하다. 나의 투자는 항상 장밋빛 미래가 활짝 열려 있는 반면, 우리 부모의 투자는 불안하기 그지없다. 내가 운전할 때는 완벽한 무사고 레이서지만 배우자가 운전할 때는 마치 눈 감고 귀 막고 운전하는 것처럼 불안하기만 하다. 그런데 이 말은 그 불안감을 해결해 주고 신뢰를 줄 수 있다면 차별화 기회가 더 많을 수도 있다는 이야기이다. 넓게 보면 구매자와 사용자가 다를 때 그리고 그 구매자와 사용자가 아주 밀접한 관계일 때 신뢰성 차별화는 더 효과적이다. 만약 내가 파는 상품이나 서비스의 구매자와 사용자가 다르며 구매자와 사용자가 정서적으로 아주 밀접한 관계에 있다면 신뢰성 차별화는 효과적일 가능성이 매우 높다.

대표적인 시장이 육아시장이다. 보통 내가 먹는 음식에는 화학조미료나 나트륨이 많이 들어가도 크게 신경 쓰지 않는 경우가 대부분이다. 하지만 우리 아이가 먹는 음식은 다르다. 재료의 원산지, GMO 여부, MSG 등 첨가물 여부, 당류나 나트륨 같은 영양소 정보 등 고려할 것이 많다. 우리 아이가 소중한 만큼 아이가 먹는 음식에 민감해지고 그런 음식 정보에 대해 잘 알지 못하기 때문에 불안하다. 더군다나 아이들과 정확한 의사소통도 어렵기 때문에 아이의 상태를 정확히 아는 것도 불가능하다. 만약 '안아키' 회원들도 그 대상이 아이가 아니고 그들 자신의 질병에 대한 것이었다면 그토록 비상식적이고 맹목적이지 않았을 것이다. 하지만 그 대상이 너무도 소중한 자녀들이다 보니 그만큼 불안했고 그만큼 절실한 해결책이 필요했을 것이다.

앞서 언급했듯이 모든 지식과 정보를 습득하는 것은 불가능하다. 오히려 지식과 정보가 쌓여갈수록 그에 비례하여 불안과 불신이 증가하는 경우가 비일비재하다. 따라서 이러한 소비자의 불안감을 지속적으로 자극할 수 있다면 지속적으로 신뢰와 충성도를 구축할 수 있고, 결국에는 지속적인 차별화가 가능하다.

사람들은 자기 자신보다 타인의 일에 민감하기 때문에
구매자와 사용자가 다른 상품군에서
신뢰성 차별화는 효과적이다.

02 | 신뢰성 차별화의
장점

신뢰는 한 번에 무너질 수 있을까? 한순간의 실수로 나락에 빠질 수 있을까? 당연히 그럴 수 있다. 사람 일은 한 치 앞도 모른다. 기업도 브랜드도 마찬가지다. 언제 어떤 이슈가 튀어나와 한순간에 기업을 위기로 몰아갈지 모른다.

그렇다면 신뢰성 차별화는 지속하기 어려운 걸까? 당연히 얄팍한 상술에서 비롯된 엉성한 불안감 조성과 퍼포먼스가 없는 추상적인 해결책 제시로는 차별화가 지속되기 어려울 것이다. 그런데 그것은 신뢰성 차별화뿐만 아니라 모든 분야의 차별화도 마찬가지다. 방향성이 잘못되거나 상품·서비스의 구체적인 퍼포먼스가 없다면 그 어떤 차별화라도 오래 지속되기 어렵다.

신뢰성은 리스크에 강하다

신뢰성 차별화의 장점은 리스크에 강하다는 점이다. 장기간에 걸쳐 소비자의 신뢰를 가지고 있고 탄탄하고 논리적인 정보를 토대로 구체적이고 실질적으로 불안감을 해소시키는 퍼포먼스를 구현한다면 오히려 위기에 더 강한 모습을 보여줄 수 있다. 같은 실수를 하더라도 신뢰를 획득한 브랜드와 그렇지 못한 브랜드는 엄청난 차이를 보인다. 실수를 하더라도 소비자의 신뢰를 획득한 브랜드에 대해 소비자들은 '어쩌다 그랬어~' '그럴 수도 있지 뭐~'라는 동정과 이해의 반응을 보인다. 그렇지만 신뢰가 상대적으로 덜 쌓인 브랜드가 똑같은 실수를 할 때에는 '내가 저럴 줄 알았어~' '저것들이 그렇지 뭐~'라는 비난과 조롱을 하는 경우가 허다하다. 그렇다 보니 신뢰가 있는 브랜드는 지속적으로 같은 실수를 반복하지 않는 한 금방 신뢰를 회복할 수 있다.

이는 내부적인 실수뿐만 아니라 외부적인 위기에도 강하게 작용한다. 식품분야에서는 특히 소비자들이 민감하다. 과거 공업용 우지라면 파동부터 쓰레기 만두 파동 때 많은 브랜드가 위기를 겪었고, 조류독감·구제역 등 신뢰성 관련 이슈들이 발생했을 때도 많은 기업들이 무너졌다. 이러한 부정적 이슈들은 모든 식품회사에 위기로 작용한다. 하지만 그렇지 않은 경우도 있다. 식품산업에서 신뢰성으로 차별화에 성공한 풀무원의 경우 다양한 식품 관련 이슈에 매우 강한 모습을 보였다. 2004년 국내에 조류독감이 큰 이슈였을 때 풀무원의 주가는 오히려 급반등했다. 쓰레기 만두 파동 때도 풀무원 주가는 급

등했다. 실제로 조류독감이 유행이면 풀무원 계란은 오히려 품귀현상을 빚는 경우가 많다.

기업 내부의 리스크관리가 필요하다

———

흔히 신뢰라는 것이 쌓기는 어렵지만 무너지는 것은 한순간이라고 한다. 물론 그 무너지는 한순간의 임팩트가 너무 크다면 그럴 수 있다. 하지만 그런 엄청난 임팩트를 동반하는 사건은 잘 일어나지 않는다. 그리고 신뢰성 차별화를 추구하는 브랜드라면 그러한 대형사고 가능성에 항상 대비하고 있고, 그러한 관리 때문에 대형사고는 더더욱 발생하지 않는다. 오히려 크고 작은 내부 문제와 누적된 외부 이슈로 인해 가랑비에 옷 젖듯 조금씩 신뢰가 무너지는 경우가 더 위험하다. 따라서 문제가 누적되지 않도록 신뢰성 차별화를 위한 내부 시스템을 철저하게 구축한다면 신뢰성과 관련된 문제가 발생하더라도 자체적인 자정작용으로 문제를 해결할 수 있다.

"

한 번 굳어진 신뢰는 생각보다 잘 깨지지 않는다.
신뢰는 장기간에 걸쳐 형성되며
내부적인 역량이 응축된 형태이기 때문에 리스크에 강하다.

"

03

신뢰성 차별화의 목표

소비자에게 첫 번째 대안이 되라

우리는 불안하거나 위안을 받고 싶을 때 다양한 존재를 찾는다. 부모님이나 배우자 같은 가족일 수도 있고, 멘토로 삼고 있는 선배일 수도 있다. 때로는 정치인이나 종교인일 수도 있다. 반대로 누군가가 불안하고 지쳤을 때 나를 먼저 찾아왔다는 것은 내가 그 사람에게 큰 신뢰를 주고 있다는 것이다. 이를 비즈니스에 적용한다면 소비자가 불안하거나 불신을 가지고 있을 때 우리 상품과 서비스를 찾는다면 우리는 소비자에게 신뢰를 주고 있다는 뜻이다. 이런 소비자들이 많아진다면 나의 상품과 서비스는 신뢰성 차별화에 성공하고 있다고 볼 수 있다. 소비자가 불안한 심리상태이거나 다른 상품·서비스에 불신을 가지고 있을 때 그 해결책으로 찾는 유일하거나 첫 번째 대안이 되는 것, 이것이 신뢰성 차별화의 목표이다.

하지만 소비자의 불안과 불신을 해소하는 유일하거나 첫 번째 대안이 되기 위해 필요 이상으로 소비자의 불안과 불신을 조장하는 것은 바람직하지 않다. 중요한 것은 소비자가 유일하거나 첫 번째 대안으로 생각할 만큼 현실적인 퍼포먼스를 내야 하고, 소비자의 불안과 불신을 해결해 주기 위해 구체적으로 노력해야 한다는 것이다.

신뢰성 차별화는 이러한 불안과 불신을 실질적으로 해결해 줌으로써 만들어 낼 수 있다. 따라서 기업활동에서 중점을 두어야 할 것은 필요 이상의 불안·불신 심리 조성이 아니라 실질적인 문제해결이라고 할 수 있다. 그런 노력이 장기간에 걸쳐 소비자에게 인정을 받을 때 튼튼한 신뢰성 차별화를 구현할 수 있다.

> **"**
> 신뢰성 차별화의 목표는
> 소비자에게 불안과 공포를 해소할 수 있는
> 실질적인 해결책을 제시해 주고
> 소비자의 인정을 받는 것이다.
> **"**

04

신뢰성 차별화의
세 가지 방법

신뢰성이 소비자의 불안과 불신을 해소함으로써 얻는 차별화라면 소비자가 특히 불안과 불신을 느끼는 분야가 무엇인지를 파악하는 것이 중요하다. 인간이 특별히 소중하게 생각하고 공포를 느끼는 부분은 생명과 관련된 건강, 이미 축적했거나 미래에 축적할 것으로 예상되는 재산, 그리고 자존감이나 명예 등 자아와 관련된 부분이다. 즉, 신뢰성 차별화는 크게 건강, 재산, 명예·자존감의 불안을 자극하면서 구축할 수 있다.

건강상의 불안

사람들이 가장 불안해 하고 타인을 잘 믿지 못하는 분야가 바로 건강이다. 먹고 마시는 것부터 병원이나 의약품에 이르기까지 건강과 관련해서는 항상 불안하고 못 미덥다. 음식의 원재료와 첨가물에 민감하고, 내가 먹는 약이 혹시 부작용이 있지 않을까 불안하다. 특히 지금과 같은 정보의 홍수 속에서는 이런저런 서로 상반되는 정보들 때문에 더욱 혼란스럽다. 정보가 많다고 해서, 건강에 대한 지식이 늘어난다고 해서 불안감이 줄어드는 것은 아니다. 따라서 건강상의 불안과 불신을 해결해 줌으로써 얻는 신뢰성 차별화는 인간이 절대 죽지 않는 불멸의 존재가 되지 않는 한 꾸준히 효과가 있다.

건강상의 불안과 불신을 해결해 주는 신뢰성 차별화에서 두드러진 특징은 대부분의 소비자들이 자신의 건강에는 과신을 하지만, 자신과 가까운 사람의 건강에는 매우 민감하다는 것이다. 나는 유통기한이 지난 삼각김밥을 먹어도 괜찮지만 우리 아이가 먹는 음식은 원산지와 유통과정이 투명한 유기농이어야 한다. 그 덕에 아이들을 대상으로 하는 유기농 브랜드들은 꾸준한 인기를 얻고 있다. 반려동물 시장도 마찬가지다. 자신은 떡볶이와 라면을 먹으면서 우리 강아지 사료는 육류 70% 이상의 초고가 사료를 먹이기도 한다.

이렇게 구매자와 사용자가 다르고 그 관계가 밀접한 경우에는 신뢰성 차별화, 특히 건강상의 불안을 해소하는 신뢰성 차별화가 효과적이다.

재산상의 불안

'치과에서 혹시 임플란트 비용에 바가지를 씌우지 않을까?'

'우리 강아지 종합건강검진이 너무 비싼 건 아닐까?' '차량을 수리해야 하는데 너무 비싸지 않을까?' 하는 작은 불안부터 '내가 가입한 펀드가 손실이 나지 않을까?' '주변에서 다 유망하다고 해서 사놓은 주식이 혹시 작전주는 아닐까?' 하는 큰 불안까지 재산상의 불안은 경제생활을 하는 현대인들이라면 누구나 가지고 있다.

사람들은 자신이 잘 모른다고 판단하는 분야에 대해서는 잘 알 것 같은 사람에게 물어보고 의지한다. 이러한 심리는 신뢰성 차별화의 가장 큰 기반이 된다. 하지만 자기가 잘 안다고 생각하는 분야, 특히 투자 등 재산과 관련된 상황에서의 문제는 쉽게 자기과신의 함정에 빠진다. 자기과신의 함정은 자신의 지식과 정보를 과신한 결과 잘못된 미래 예측에 빠지는 것이다. 이러한 현상은 특히 전문가들에게 두드러지게 나타나는데, 자신이 더 많이 공부하여 잘 알고 있다고 생각하는 사람들은 새로운 정보에 소홀하거나 타인의 조언을 잘 듣지 않는다. 이 때문에 자신의 투자에는 장밋빛 미래를 그리지만 주변 사람이 투자할 때는 그렇게 불안할 수가 없다.

하지만 우리가 경제와 관련된 모든 정보와 지식을 가질 수는 없다. 따라서 아무리 잘 아는 분야라도 새로운 정보와 타인의 조언에 대해 관심을 가질 필요가 있다. 이런 이유로 재산상의 불안감을 해결해 주고 위험을 최소화하면서 신뢰성 차별화를 시도하는 브랜드는 매우 많다. 크게는 금융권의 자산관리서비스나 각종 보험상품 등이 이러한 신뢰성 차별화를 위해 많은 노력을 하고 있으며, 작게는 최근 각광을 받고 있는 역경매방식의 차 수리 앱 '카닥'과 허위매물을 근절하기 위한 안심중개사 정책으로 화제가 되었던 부동산 앱 '직방'이

재산상의 불안감을 해소시키면서 신뢰성 차별화를 한 사례라고 할 수 있다.

명예 · 자존감의 불안

건강과 재산은 우리의 인생에 매우 큰 비중을 차지하지만 건강과 재산이 인생의 전부는 아니다. 사람에 따라서는 건강과 재산보다 명예나 자존감을 훨씬 더 중요하게 여기는 경우도 많다. 넓게 보면 자신이 타인에게 '어떻게 보여질까' 하는 것에 대한 걱정도 명예나 자존감에 대해 불안한 경우라고 할 수 있다.

명예나 자존감의 불안을 해소하면서 신뢰성을 차별화한 대표적인 사례로 다양한 명품 브랜드를 꼽을 수 있다. 명품을 선호하는 사람들은 디자인이라는 시각적인 부분에서 기호성을 만족시켜 준다고 설명하는 경우도 있지만 명품을 돋보이게 하는 건 디자인보다는 브랜드 자체의 가치라고 볼 수 있다. 실제로 동일한 가방에 명품 브랜드 택을 부착한 경우와 부착하지 않은 경우를 조사했을 때 가방에 대한 고객의 선호도는 극명하게 갈렸다.

하지만 사실 명품을 구매하는 행위를 합리적인 소비라고 보기는 힘들다. 명품 가방의 구매가 경제적이라고 할 수도 없다. 따라서 명품 브랜드를 사용한다는 것은 스스로의 명예나 자존감을 높여주는 도구로 사용한다고 설명하는 것이 더 합리적이다. 또한 타인이 자신을 보는 시선이 명품을 통해 달라진다고 이야기할 수도 있다. 때문에 명품 브랜드는 '품격' '가치' '명예' 등의 키워드를 많이 사용한다. 적어도 이 명품 브랜드를 사용하면 당신의 명예나 자존감이 추락할 일은 없다는 안심을 주는 것이고, 그런 명예나 자존감의 가치는 명품 브랜드의 가격만큼 높다.

이러한 소비자의 명예나 자존감을 자극하여 성공한 사례로 대표적인 것이 쌍용자동차의 '렉스턴'이다. 쌍용자동차의 대표적인 SUV 차량인 렉스턴은 '대한민국 1%'라는 광고 카피로 광고계에 한 획을 그었다. 성공에 대한 열망, 자신이 성공한 사람으로 보이고 싶다는 열망을 '대한민국 1%'라는 카피에 강하게 담아냈다. 하지만 실제로 대한민국 1%는 렉스턴 레벨 정도의 차를 타지 않는다. 우리나라의 2020년 경제활동인구는 약 2,800만 명인데, 이 중 1%면 28만 명이다. 우리나라에서 벤츠와 BMW 등 렉스턴보다 고가 브랜드의 차량만 해도 연간 20만 대 가량 판매되고 있다. 즉, 실제 대한민국 1%의 대부분은 렉스턴을 타지 않을 가능성이 매우 많다. 하지만 렉스턴은 성공을 열망하는 사람 혹은 성공한 것처럼 보이고 싶은 사람의 명예나 자존감을 '대한민국 1%'라는 카피로 성공적으로 자극했다. 이렇게 사람의 명예나 자존감에 대한 욕구와 불안은 강한 구매동기가 된다.

신뢰성 차별화의 구축방법

모든 진실의 순간에 집중하라

'안에서 새는 바가지 밖에서도 샌다'라는 말이 있다. 가족이든 기업이든 내부에서 발생하는 행동의 그릇됨은 외부로까지 드러난다는 의미이다. 달리 이야기하면 문제는 항상 내부에서부터 시작된다는 것이다. 바가지는 항상 내부에서부터 새는 법이다. 내 브랜드가 아무리 좋은 컨셉, 신뢰성이 가득한 컨셉을 가지고 있더라도 내부에 이러한 컨셉을 품을 만한 문화와 철학이 없다면 사소한 것부터 큰 것까지 신뢰성 컨셉의 균열이 발생할 수밖에 없다.

나는 한 우유 브랜드의 배송차량 때문에 그 우유에 대해 비호감을 가지게 되었다. 10년 전 출근길에 배송차량 기사와 주차 시비가 있었다. 출근길에 좁은 도로를 막고 슈퍼에 납품을 하고 있었던 배송차량 기사와 시비가 붙었던 사건 때문에 아직도 그 우유 브랜드만 보면 그

때의 불쾌한 기억이 떠오른다. 내 차가 지나가게 배송차를 조금만 도로 옆으로 이동해 달라는 나와 그것도 못 지나가냐면서 나의 운전면허 취득과정의 비리 여부와 내 신체기능의 장애 여부를 매우 거칠게 동물과 비교하며 따졌던 그 배송기사와의 실랑이는 슈퍼 주인이 말리지 않았다면 더 크게 번질 뻔했다. 그 뒤로 나는 그 우유 브랜드만 보면 그때의 기억이 생각나 기분이 언짢아진다.

물론 기업 입장에서 배송기사의 인성과 기분까지 컨트롤하기는 매우 어렵다. 우유 회사 입장에서는 다소 억울할 수 있는 에피소드이지만 그 회사에 가졌던 나의 좋았던 이미지는 그렇게 내부 조직원의 사소한 실수로 인해 금이 가버렸다.

내가 누군가에게 믿음직한 이미지, 불안한 문제를 해결해 주는 대안이라는 믿음을 주기 위해서는 기업활동 끝단의 미세한 부분까지 신경을 써야 한다. 경제성은 가격, 기호성은 감각, 편의성은 사용 전후 상황 등 중점을 두어야 할 부분이 명확하지만 신뢰성 차별화는 그렇지 않다. 제품이나 서비스, 기업지배구조, 경영자나 오너를 비롯한 조직원, 판매접점이나 여론까지 다양한 분야에서 신뢰를 주기 위한 노력을 다각도로 해야 한다. 특히 진실의 순간^{MOT, Moment Of Truth}이라 부르는 기업과 고객의 모든 접점에서 한순간도 신뢰를 깰 만한 오점을 남겨서는 안 된다.

물론 기업이 하는 경영활동의 세세한 부분까지 조정하고 관리하기는 매우 어렵다. 따라서 기업활동의 세세한 부분은 조직원의 역량과 인성에 의존할 수밖에 없다. 이러한 상황에서 조직원들의 행동양식을 규정하는 가장 좋은 방법은 기업 내부에 조직문화와 철학을 형성하는 것이다. 그래서 자영업을 하든 대기업으로 성장하든 기업 내부의 조직문화는 매우 중요하다. 조직문화가 조직원들에게 스며들 때 기업활동의 세세한 부분에서 소비자에게 신뢰를 줄 수 있다. 조직문화는 신뢰를 깰 만한 사고의 가능성을 줄여주기도 하고 간혹 실수나 사고가 터져도 조직원 스스로 문제를 해결하고 수습할 수 있는 기반이 되기도 한다.

안전한 먹거리를 제공하고 고객의 문제해결에 항상 적극적이어야 한다는 조직문화는 협력업체에 대한 선정에서부터 생산관리, 마케팅 커뮤니케이션 관리, 영업관리, 판매관리, A/S까지 조직원이 고객안심을 우선적으로 생각하게 하는 원동력이 된다. 이러한 조직문화가 조직원에게 훌륭하게 내재화되면 조직에 대한 자부심으로 나타난다. 연봉이나 복지 외에도 이러한 조직원의 자부심은 좋은 기업의 두드러진 특징이다. 매년 미국의 〈포춘Fortune〉에서 발표하는 일하기 좋은 기업GWP, Great Work Place에서도 이러한 조직원의 자부심을 중요한 평가요소로 삼고 있다.

조직문화와 철학은 하루아침에 형성되지 않으며 한순간에 바꾸지도 못한다. 따라서 창업 초기나 브랜드 런칭 초기부터 지속적으로 강조해야 한다.

믿을 만한 사람의 입을 빌려라

신뢰성 차별화를 구축하기 위한 첫 번째 전제조건은 소비자가 가지고 있는 불안감과 불신을 없애는 것이다. 소비자가 불안하게 생각하거나 불신을 가지고 있는 부분이 무엇인지 찾아내 이를 해결해 주거나 소비자가 아직 모르지만 알면 불안하거나 불신할 수 있는 부분을 찾아내고 알리는 과정이 있어야 한다. 그리고 그 불안과 불신을 해결해 줄 수 있는 현실적인 해결책과 대안이 바로 우리 회사의 상품 또는 서비스라고 알려야 한다. 따라서 모든 소비자 커뮤니케이션은 이러한 신뢰성 차별화의 프로세스에 집중해야 한다.

차별화의 메시지, 채널 그리고 그것을 알리는 메신저도 모두 신뢰성에 집중해야 한다. 소비자의 불안을 자극하는 메시지, 그것을 해결하는 메시지에는 근거와 합리성이 있어서 소비자의 동의와 이해를 얻어야 하며, 그러한 메시지를 전달하는 채널도 공신력이 있어야 하고, 그것을 말하는 메신저도 상당한 수준의 신뢰성이 있어야 한다. 이러한 이유로 신뢰성 차별화를 추구하는 브랜드들은 TV나 신문 등 공신력 있는 매체를 이용하여 홍보를 하며 의사·교수·변호사 또는 신뢰성을 줄 수 있는 전문가를 메신저로 자주 이용한다. 이는 신뢰성 차별화를 추구하는 브랜드의 반대편에 있는 경쟁 브랜드에게도 적용되는 사항이다. 만약 경쟁사가 신뢰성 차별화를 추구하고 있고 그것이 시장에서 어느 정도 먹혀서 견제해야 할 필요가 있다면 경쟁사가 이야기하고 있는 메시지에 대한 근거와 논리의 허점을 공격해야 한다. 그것과 병행하여 경쟁사가 이용하는 매체의 신뢰성을 공격해야 하고 그것을 전달하는 메신저의 신뢰성도 공격해야 한다. 정치와 전략에는 오랜 격언이 있다. '메시지에 대한 공격이 어렵다면 메신저를 공격하라!' 신뢰성 차별화를 위해 메시지, 채널, 메신저 등 전체 프로세스에서 신뢰를 확보해야 하듯이 경쟁사의 신뢰성 차별화를 무력화 시키고자 하는 기업도 경쟁사의 메시지, 채널, 메신저의 신뢰성을 공격해야 한다.

내가 아무리 '나를 믿어주세요'라고 이야기한다고 해서 신뢰가 형성되지 않는다. 신뢰는 타인이 '저 사람은 믿을 만해'라고 보증해 줄 때 비로소 그 위력을 발휘한다. 안아키 회원들도 처음에는 미심쩍어했겠지만 다른 회원들이 간증을 하면서 그 의심은 옅어지고 점점 신뢰가 형성되었을 것이다. 금융권에서는 특히 이런 특징이 두드러진다. 내가 은행에 가서 '난 믿을 만한 사람이니 대출해 주세요'라고 아무리 주장해도 귓등으로도 안 듣는다. 오히려 정신적으로 불안한 사람 취급을 받을 것이다. 은행은 타인의 신용보증을 중요시한다. 담보 등 물적보증, 보증인을 통한 인적보증 등 대출자 자신이 아닌 제3자혹은 제3의 존재를 통해 신용을 확인한다. 대출시스템의 아주 기본적인 개념이다.

상품이나 서비스에서 신뢰성 차별화를 하고자 하는 경우도 이를 벗어나지 못한다. 우리 브랜드가 신뢰성을 추구하고자 한다면 우리 브랜드가 얼마나 믿을 만한지 타인이 보증해 줘야 한다. 우리 브랜드 스스로 자극적인 메시지와 광고를 만들어 소비자에게 효과적으로 전달했느냐를 가지고 우리 브랜드의 신뢰성이 얼마나 구축되었는지 판단해서는 곤란하다. 우리 브랜드의 신뢰는 내가 아닌 타인이 만들어 주는 것이기 때문이다. 하지만 지금도 다양한 분야에서 '우리는 믿을 만한 브랜드입니다'라고 스스로 외치는 경우를 심심치 않게 목격할 수 있다.

소비자의 불안과 불신을 자극하는 메시지도 그것을 해결하는 메시지도 타인이 말하게 해야 한다. 즉, 우회적으로 커뮤니케이션할 필요가 있는 것이다. 소비자의 불안과 불신을 자극하고 우리 브랜드의 신뢰를 높이기 위한 메시지는 전문가가 직접 이야기하거나 전문지·학술지 등에서 그 근거를 인용할 필요가 있다. 직접적인 광고보다는 신문이나 방송을 이용하는 홍보나 에드버토리얼(기사형 광고), 한 분야에 정통한 전문 블로거 등을 통한 바이럴 등이 신뢰성 형성에 효과가 좋다. 메시지를 전달하는 메신저 역시 연예인이나 스포츠 스타 같은 유명인보다는 의사·변호사·자산관리사와 같은 전문직이나 학자·교수와 같은 연구집단을 이용하는 것이 효과적이다(하지만 일부 분야에는 의외의 메신저가 등장하기도 한다. 청소기 모델로 서장훈이 등장하는 것처럼!).

부정적인 메시지를 긍정적인 구매로 연결시켜라

아무리 우리 브랜드의 신뢰성이 충분하고 소비자가 불안에서 벗어날 수 있도록 도움을 주는 상품이나 서비스라고 해도 소비자의 불안과 불신을 자극하는 메시지는 부정적일 수밖에 없다. 이때 불안과 불신을 부각시키는 과정이 너무 부정적이거나 오래 지속되면 구매심리를 자극하기보다는 오히려 불편한 심리를 자극하여 소비가 위축되는 부작용이 있을 수 있다. 따라서 이 과정에서는 효과적이고 부드러운 메시지 구성과 커뮤니케이션 전략이 필요하다.

안 그래도 불안한 소비자에게 '이건 이래서 불안하고 저건 저래서 불안합니다'라고 구체적으로 부정적인 이슈를 되새김질할 필요가 있을까? '이런 것을 애들한테 먹였을 때 이런 위험이 있고 구체적으로는 이런 사례가 있습니다'라고 직접적으로 말할 필요가 있을까? 물론 소비자의 불안과 불신을 상기시키는 것이 신뢰성 차별화의 첫걸음이다. 하지만 너무 부정적인 이슈를 여러 번, 구체적으로 그리고 직접적으로 소비자에게 전달할 필요는 없다. 앞서 설명했듯이 신뢰성 차별화의 구축을 위해 불안을 상기시키는 것도, 그리고 그에 대한 해결책을 제시하는 것도 타인의 입을 빌리는 것이 효과적이다. 해당 기업이 직접 나서 부정적인 이슈의 구체적인 원인과 그 피해사례를 통해 소비자의 불안과 불신을 상기시키는 것은 자칫 내 브랜드에도 부정적인 이미지를 남길 수 있기 때문이다. 따라서 문제제기나 불안감 조성은 추상적으로, 그에 대한 우리 브랜드의 해결방안은 구체적으로 말해야 한다.

2011년 겨울, 동서식품이 80% 이상의 시장점유율을 차지하며 독주를 하고 있던 커피믹스 시장에 남양유업이 도전장을 내밀었다. 이때 남양유업은 '프렌치카페' 커피믹스를 런칭하면서 '카제인나트륨'이라는 첨가물을 넣지 않았다는 신뢰성 차별화 컨셉을 내세웠다. 그러면서 카제인나트륨이 어떤 성분이고 어떤 부작용이 있는지는 정확하게 설명하지 않았다. 그런데 상황은 의외의 곳에서 벌어졌다. 동서식품과 남양유업이 아닌 외부의 전문가들 사이에서 카제인나트륨의 유해성에 대한 갑론을박이 펼쳐지며 시장에 일대 혼란이 일어난 것이다. 결국 카제인나트륨은 인체에 유해하지 않은 성분이라고 판명이 났지만 '카제인나트륨'이라는 단어가 주는 부정적인 이미지는 소비자들에게 불안과 불신을 심어주어 이를 넣지 않았다는 남양유업의 프렌치카페는 빠른 시간에 점유율 10%를 넘기는 성과를 기록했다. 카제인나트륨이라는 독한 단어가 큰 노이즈를 만들어 냈고 결국 시장 1위였던 동서식품도 '카제인나트륨'을 뺀 제품을 출시할 수밖에 없었다.

남양유업은 단지 '카제인나트륨'을 넣지 않았다고 말했을 뿐이다. 그리고 카제인나트륨의 구체적인 피해가능성은 사실 알려진 바 없다. 하지만 남양유업은 '카제인나트륨'에 대한 논란을 키운 전문가와 소비자들 덕분에 커피믹스 시장에 성공적으로 진입할 수 있었다. 이처럼 기업이 직접 신뢰성 차별화를 위해 커뮤니케이션을 할 때에는 불안의 실체는 추상적으로, 그리고 그 해결방법은 구체적으로 말해줘야 한다.

구강청결제의 양대 산맥이라 할 수 있는 가그린과 리스테린의 사례를 보자. 가그린 광고에서 모델로 나온 배우 박보영은 친구와 함께 식당 화장실에서 대화를 나눈다. 식사를 막 마쳤는지 박보영은 무색의 가그린을, 친구는 색이 있는 구강청결제를 입에 넣고 오물오물하며 대화를 나누고 대사는 자막으로 처리된다. 박보영이 친구에게 이야기한다. '내 것은 투명한데 니껀 색이 있네? 그거 나중에 입안에 남는 거 아니야?' 그러자 친구가 황급히 입에 있던 색이 있는 구강청결제를 뱉어낸다. 그리고 뒤이어 나오는 광고 멘트! '잠깐, 가그린은 색소가 들어있지 않습니다. 타르 색소 없이 99.9% 클린'

이 광고에서 이야기하는 불안의 실체는 추상적이다. '색소가 입에 남을 수도 있다'라고는 하지만 실제로 색소가 입에 남는다거나 입에 색소가 남았을 때 어떤 부정적인 결과가 발생하는지에 대한 구체적인 언급은 없다. 하지만 이 광고는 누가 봐도 경쟁사인 리스테린을 노린 것이다. 가그린도 초창기에는 색소가 들어 있었다. 하지만 어느 순간 색소가 사라졌고, 무색의 가그린과 색소의 리스테린의 경쟁구도가 생겼다. 가그린은 이런 경쟁구도를 활용하여 불안감을 조성하는 광고를 제작한 것이다.

그리고 이런 추상적인 불안감 조성에 이은 그들의 해결책은 매우 구체적이다. 가그린에는 색소가 첨가되어 있지 않아 색소가 입안에 남을 일이 없다. 심지어 어떤 색소인지 소비자가 궁금하지도 않을 텐데 굳이 '타르 색소'가 없다고 명시했다. 99.9%라는 숫자를 활용하기도 했다. 우리 제품은 안전하다는 메시지와 근거를 제공해 주는 데에 집중했고, 소비자의 불안과 불신은 그 심리만으로 충분하다. 중요한 것은 내 브랜드가 제시한 해결책에 소비자들이 얼마나 공감하고 이해하느냐 하는 것이다.

참고로 가그린의 이 광고가 나온 3개월 뒤, 리스테린은 새로운 광고를 시작했다. 치아를 직접 비춰주며 색소가 남지 않는 이미지를 보여주고 '이제는 가글 말고 리스테린 하세요'라는 내레이션을 통해 그들의 분노(?)를 표현하기도 했다.

신뢰는 하루아침에 쌓이지 않는다

우리나라 기업 중 신뢰성 차별화로 성공한 기업을 꼽으라면

많은 사람들이 유한킴벌리와 풀무원을 꼽을 것이다. 유한킴벌리는 '우리 강산 푸르게 푸르게'라는 카피가 유명하고, 풀무원은 '바른먹거리'라는 슬로건이 유명하다. 유한킴벌리의 경우 휴지·기저귀·생리대 등 제지와 관련된 생활 브랜드이고, 풀무원의 경우 식품·급식·식자재유통·건강기능식품 등의 식품 브랜드이다. 좀처럼 공통점이 없을 것 같은 두 기업에는 한 가지 중요한 공통점이 있다. 두 기업 모두 일관된 메시지로 오랫동안 마케팅 커뮤니케이션을 해왔다는 점이다.

유한킴벌리의 경우 '우리 강산 푸르게 푸르게' 캠페인을 1984년부터 시작하여 지금까지 37년째 진행하고 있다. 나무심기 프로젝트의 경우 2021년 기준 약 5,200만 그루의 나무를 심었다. 역시 같은 이름의 TV 광고 카피는 전 국민이 알 정도로 유명한 카피이다. 나무심기 프로젝트뿐만 아니라 친환경, 성평등, 동반성장 등 지속가능경영 차원에서 선도기업으로 인식되고 있다. 한국능률협회컨설팅에서 선정하는 '한국에서 가장 존경받는 기업'에 15년 연속 선정되는 등 신뢰성 측면에서 높은 평가를 받는 기업이다.

풀무원의 경우 1981년 창업 이래 꾸준히 친환경 식품, 안전한 식품으로 시장을 선도해 왔으며 1993년 지구사랑기금 조성을 시초로 꾸준하게 사회활동을 해오고 있다. 2000년대 초반 TV 광고를 통해 '바른먹거리'라는 키워드가 처음 풀무원의 슬로건으로 소개된 이래 '바른먹거리'라는 키워드와 '풀무원'은 완전한 연관어로 인식되었다. 2010년부터는 아예 '바른먹거리 캠페인'이라는 바른먹거리 교육 캠페인을 본격적으로 추진하고 있다. 풀무원 역시 한국능률협회컨설팅에서 선정하는 '한국에서 가장 존경받는 기업'에 12년 연속으로 선정되어 식품산업에서 신뢰성 차별화로 성공한 기업으로 완벽하게 자리매김하게 되었다.

유한킴벌리와 풀무원 모두 20년 이상 꾸준하게 신뢰성 차별화 캠페인을 진행해 왔다. 신뢰라는 것은 한순간에 형성되지 않는다. 누군가에게 안심과 믿음을 주려면 기업철학·기업문화부터 고객접점까지 모든 기업활동을 신뢰성에 초점을 맞춰야 한다. 그래야 20년 넘게 꾸준한 캠페인을 유지할 수 있다. 이러한 견고한 기업철학과 기업문화는 조직원의 자부심으로 나타나고 그것이 기업활동의 세세한 부분까지 조직원 스스로의 자율적인 가치창출로 나타난다.

신뢰성 차별화와 다른 5CORE 차별화의 가장 큰 차이점은 그 형성기간에 있다. 소비자들이 신뢰를 보내는 것은 한 가지 상품, 한 가지 서비스에서 이루어지지 않는다. 기업이나 브랜드 전체에 신뢰를 보내주는 경향이 크다. 그렇다 보니 오랜 기간 일관되고 장기적인 마케팅 커뮤니케이션이 필요하고, 그런 일관되고 장기적인 커뮤니케이션 활동은 뿌리부터 튼튼한 기업철학과 기업문화로부터 나온다고 할 수 있다.

Controlable - 할 수 있는 걸 할 수 있다고 해야지!

나의 상품과 서비스가 고객에게 안심과 믿음을 주고 사랑을 받기 위해서는 기업활동의 어느 한 부분도 소홀히 해서는 안 된다. 만약 소홀한 부분이 있다면 그곳부터 신뢰에 금이 갈 가능성이 매우 크다. 따라서 신뢰성 차별화를 위한 핵심상품과 서비스, 나아가 마케팅 컨셉까지 내가 컨트롤할 수 있어야 한다. 컨트롤하지 못하는 부분을 신뢰성 차별화의 핵심컨셉으로 잡아서는 곤란하다.

예를 들어 만약 내가 안전한 식품으로 컨셉을 잡고 그것을 위한 상품을 준비하고 있다면 원재료, 생산공정, 유통과정까지 '안전'을 담보할 수 있도록 컨트롤이 가능해야 한다. 원재료 검수시스템조차 제대로 되어 있지 않은데 안전한 식품이라는 컨셉을 가져올 수 없는 노릇이다. 식당에 방역이나 방재시스템이 불완전한데 깨끗하고 안심할 수 있는 식당이라고 외친다면 말 그대로 구호에 그칠 가능성이 높다. 나의 상품이나 서비스를 신뢰성으로 차별화하고 싶다면 그 핵심가치를 위해 최대한 컨트롤 가능한 부분을 넓혀야 한다.

2010년 이후 우리나라의 O2O(Online To Offline) 서비스가 눈부시게 발전하고 있다. O2O는 온라인과 오프라인이 결합된 서비스를 뜻하는데, 주로 모바일을 기반으로 한 스타트업들이 중심을 이루고 있다. 대표적인 서비스로는 '배달의민족' '배달통' 등 배달 앱, '야놀자' '여기어때' 등 숙박 앱, '다방' '직방' 등 부동산 앱을 꼽을 수 있다. 이밖에도 주차 앱, 병원예약 앱, 차 수리 견적 앱 등 다양한 서비스가 개발되고 있다. 과거에는 주로 오프라인에서 행해지던 서비스가 이제는 온라인에서 편리하고 다양하게 시도되고 있다. 이중 넓은 의미에서 신뢰성 차별화를 시도한 서비스가 있는데 바로 부동산 앱인 '직방'이다.

직방은 현재 부동산 앱 시장에서 1위를 하고 있는 아주 성공적인 스타트업이다. 2012년에 서비스를 시작했으며, 2016년에는 '안심중

안심을 잇다, 직방

더 철저해진 안심직방시스템과
이를 다 통과한 직방안심중개사

앱 다운로드 안드로이드 마켓에서 설치, 앱스토어에서 설치
직방 SNS 페이스북 페이지, 블로그, 인스타그램

방 전체 보기   오피스텔 보기   중개사무소가입

좋은 집 구하는 기술, 직방

원룸, 오피스텔, 빌라, 아파트까지
좋은 집, 이제 직방에서 기술로 구해보세요

매물 찾기 원룸 | 오피스텔 | 아파트 | 아파트분양
직방 SNS 직방TV | 네이버포스트 | 페이스북 | 인스타그램

원룸 보기   아파트 보기   중개사무소가입

개사'라는 컨셉으로 시장에 큰 이슈를 불러왔다. '안심중개사'로 TV 광고를 하고 '안심중개사'라는 타이틀을 부동산중개사무실에 부착하기도 하고 허위매물신고센터도 운영했다. 기존 인터넷상의 부동산 중개가 허위매물이 많고 그 허위매물로 인해 소비자의 시간적·물적 피해가 많다는 점을 파고 들어 온라인상의 부동산 매물 검색에 대한 불안과 불신을 공략한 것이다. 이는 신뢰성 차별화 측면에서 아주 효과적인 공략이었다고 평가할 수 있다. 하지만 현재는 이 '안심중개사'라는 키워드는 앱 메인화면에서 사라졌고, TV 광고에서도 역시 '안심중개사'라는 키워드가 사라졌다. 왜 효과적이었던 '안심중개사' 컨셉을 더 이상 밀고 있지 않은지는 정확히 알 수 없으나 '컨트롤'이라는 신뢰성 차별화 구축방법론 측면에서 어느 정도 추측해 볼 수는 있다.

직방은 부동산중개사가 아니다. 부동산중개사와 방을 얻으려는 소비자를 연결해 주는 플랫폼이다. '안심중개사'라는 컨셉을 계속 가져가려면 중개사를 최대한 '컨트롤'할 수 있어야 하고, 그렇지 못하면 직방도 허위매물이라는 오물이 계속 묻을 수밖에 없다. 그런데 그동안 부동산중개사들이 온라인에 허위매물을 올렸던 분명한 이유가 있을 것이다. 그것이 부동산중개사들의 생계유지 수단이고 오랫동안 사용된 영업방식이라면 직방이라는 플랫폼도 부동산중개사들의 허위매물이라는 유혹에서 벗어나기는 매우 힘들 것이고, 직방에서도 허위매물을 없앨 수는 없을 것이다. 결국 어느 소비자는 그 허위매물을 접할 수밖에 없게 된다. 그럼 '안심중개사'라는 컨셉은 계속 상처를 입게 되고 결국 신뢰는 약해지고 금이 갈 수밖에 없다. 지속적으로 허위매물을 줄이려는 노력이야 하겠지만 그렇다고 '안심중개사'라는 컨셉을 유지하기에는 한계가 있을 수 있다. 신뢰성 차별화의 핵심인 '안심중개사'를 컨트롤하기 어렵다는 측면이 직방이 '안심중개사' 컨셉을 더 이상 유지하지 않는 이유 중 하나가 아닐까 추측할 수 있다.

"

신뢰성 차별화를 구축하기 위해서는
내부의 신뢰성을 우선으로 하는 조직문화와 시스템이 필요하다.
제3자를 통해 나의 신뢰성을 객관적으로 보증받아야 하며,
불안은 추상적으로, 해결책은 구체적으로 소구해야 한다.

"

06

신뢰성 차별화의
사례

삼성 무풍에어컨은 성공할 것인가?

———

2017년 여름 매우 신기한 가전제품 하나가 큰 이슈가 되었다. 바로 바람이 나오지 않는 에어컨이다. 2016년 출시된 이 에어컨은 '바람이 나오지 않는 에어컨'이라는 모순적인 표현으로 소비자의 이목을 끌기 충분했다. 바로 삼성의 '무풍에어컨'이다. 국내 에어컨 시장은 해마다 기록을 경신하는 여름 폭염으로 인해 크게 성장하고 있고 LG전자와 삼성전자의 양강 구도 속에서 치열한 경쟁이 진행되고 있다. 이러한 상황에서 '바람이 나오지 않는 에어컨'이라는 컨셉은 출시 첫해 삼성전자 에어컨 판매량의 70%를 넘게 차지할 만큼 주력상품이 될 정도로 에어컨 시장에 큰 반향을 일으켰다. 사실 무풍에어컨에 바람이 나오지 않는 것은 아니다. 지름 1mm의 미세한 구멍으로 냉기가 아주 느린 속도로 공간에 퍼지면서 마치 바람이 없는 것처럼 느껴지기 때문에 무풍에어컨이라 칭한 것이다.

　기존의 에어컨들이 에너지 효율, 인공지능 등 기능성에 초점을 맞추었다면 삼성의 무풍에어컨은 '바람'이라는 불안요소를 해결해 주는 신뢰성에 초점을 맞추는 일종의 개념 전환을 시도한 것이다. 효율과 기능을 비슷하게 주장하는 에어컨 시장에서 참신하고 임팩트 있는 컨셉인 것은 분명하다. 출시 당시의 TV 광고 역시 아기·임산부·수험생·노인 등 바람으로 인해 불안과 불편을 겪는 다양한 상황을 보여주며 무풍에어컨이 가져다 줄 혜택을 소개했다. 에어컨 바람으로 인해 감기·두통 등 건강상의 피해가 있을 수 있고, 에어컨 바람을 싫어하는 사람도 있다. 관건은 소비자들이 이 '바람'에 대해 얼마만큼 민감하게 생각하느냐이다. 신뢰는 불안과 불신의 크기와 비례한다. 만약에 '에어컨 바람'에 대해 소비자들이 불안과 불편을 크게 느낀다면 '무풍에어컨'이 주는 신뢰성은 커질 것이고, 삼성이 이 불안과 불신·불편을 얼마나 부각시키고 조장하느냐에 따라 무풍에어컨의 성과는 달라질 것이다. 향후 삼성에서는 이 바람에 대한 불안을 매스커뮤니케이션이든 고객접점(POS, Point Of Sales)에서든 최대한 자극할 것으로 예상된다.

　LG전자는 스마트 에어컨이라는 기능성에 초점을 맞춘 에어컨이 주력이고, 삼성전자는 무풍에어컨이라는 신뢰성에 초점을 맞춘 에어컨이 주력이다. 만약 삼성전자가 무풍에어컨으로 에어컨 시장의 지각변동을 가져온다면 그것은 아마 소비자의 '바람'에 대한 불안과 불신의 크기를 최대한 크게 키운 덕분일 것이다.

풀무원, 공포마케팅의 대가?

───

풀무원은 1981년 압구정동의 작은 유기농 채소가게에서 시작해 현재는 25개 계열사에 2021년 기준 약 2조 3,000억원(연결재무제표 기준)이 넘는 매출을 기록하는 대기업이 되었다. 크고 작은 사고가 있었지만 '바른먹거리'라는 신뢰성 차별화로 지속적인 성장을 일궈왔고 소비자에게도 안심하고 믿을 수 있는 브랜드로 각인되고 있다.

풀무원은 그동안 성장해 오면서 많은 신뢰성 관련 이슈를 시장에 던졌다. MSG 등 화학첨가물 무첨가, 영양성분이나 원재료 완전 표시, 제조일자 표기, Non GMO^{Genetically Modified Organism}(유전자 변형 농산물) 이슈 등 식품시장에서 굵직굵직한 이슈는 풀무원이 주도했다고 봐도 과언이 아니다. 하지만 그 이면에는 '과도하게 소비자의 공포를 조장한다' '대부분의 식품기업이 사용하지 않는 첨가물을 마치 혼자 사용하지 않는 것처럼 주장하여 타 기업을 매도한다' 등 식품업계 안팎에서 많은 비난을 받기도 했다. 소비자의 불안과 불신을 조장하는 일종의 공포마케팅을 한다는 것이다.

사실 풀무원이 문제 삼아왔던 많은 이슈들 중에는 그 해로움이 명확하지 않은 것이 대부분이었다. 사회적으로 많은 논란이 있었지만 MSG도 GMO도 그 위험성이 명확히 밝혀진 부분은 없다. 풀무원에서 이슈를 선도하여 이제는 메이저 식품회사에서 거의 사용하지 않는 합성착향료·합성착색료 역시 과학적으로 위험성이 증명된 바는 없다(보통 과학적으로 위험이 입증된 원료에 대해서는 식품 제조에 사용이 전면적으로 그리고 바로 금지된다).

풀무원 성장의 동력은 포장두부이다. 그리고 그 중에서도 주력상품은 국산콩 두부다. 참고로 국산콩, 유기농콩, 일반 수입콩 사이에서 어떤 제품의 품질이 우수한지 그 차이가 증명된 바는 없다. 풀무원은 다만 불안의 실체는 추상적으로, 그 해결책은 구체적으로 소비자에게 효과적으로 소구했을 뿐이다. 이것이 공포마케팅이라고 한다면 풀무원은 공포마케팅의 대가가 맞다.

하지만 풀무원이 공포마케팅을 한다고 해서 소비자와 다른 기업에게 피해를 입혔냐 하는 것은 다른 문제이다. 소비자의 불안과 불신을 조장한다고 해서 나쁜 것만은 아니다. MSG도 GMO도 아직 위험성이 입증되지 않은 것이지 안전하다고 완전히 결론이 난 것도 아니다. 2010년대 이후 대한민국을 강타했던 가습기 살균제 파동도 사용 당시에는 누구도 위험성에 대해 인지하지 못했다. 아직 '위험하다고 밝혀지지 않은 것'과 '안전하다'는 동의어가 될 수 없다. 다만 '위험할 수 있는 것'에 대해서는 소비자도 기업도 민감할 필요가 있다.

신뢰성 차별화를 시도하고자 한다면 이렇게 아직 밝혀지지는 않았지만 미래에 소비자가 입을 피해를 민감하게 살펴보고 예측하고자 하는 태도가 중요하다. 이러한 신뢰성 차별화는 아주 민감하게 고려하고 준비하고 진행되어야 한다. 그 의도도 그 방법도 누군가에게는 불편할 수 있기 때문이다. 하지만 미래의 소비자 피해를 줄여주고자 노력한다는 것 자체만으로 신뢰성 차별화의 노력은 분명히 의미가 있다.

5장

CORE_5

기능성
내일은 더 좋아질 거야!

01

기능성 차별화

인간의 신체적·정신적 능력에는 한계가 있다. 특히 인간의 신체적 능력은 자연계를 놓고 볼 때 아주 형편없는 수준이다. 새처럼 날지도 못하고 물고기처럼 수영을 자유자재로 하지도 못한다. 그렇다고 달리기가 빠른 것도 아니다. 인간 중에서 가장 빠르다는 우사인 볼트가 전력을 다해 뛰어도 시속 40km 남짓이다. 우리가 둔하다고 생각하는 곰도 최고속도가 시속 60km를 넘는다. 그렇다고 호랑이처럼 강한 발톱이 있는 것도 아니고 하이에나처럼 강력한 턱과 이빨이 있는 것도 아니다. 아마 인간이 아무런 도구 없이 원시 자연에 있다면 하루를 넘기기 힘들 것이다. 그럼에도 불구하고 인간은 만물의 영장으로 자연계에서 가장 강력한 존재로 군림하고 있다. 바로 지능의 우월함으로 인한 도구와 장치의 사용 때문이다.

도구와 장치로 인간의 신체적·정신적 능력은 비약적으로 발전해 왔다. 구석기시대에는 돌을 쪼아 날카로운 주먹도끼로 동물을 사냥

했고, 신석기시대에는 돌을 갈아 농기구와 무기로 사용했다. 그 이후에 청동기·철기가 발명되고 근래에 와서는 인류뿐만 아니라 지구를 멸망시킬 수 있는 강력한 무기를 발명했고 현재는 지구를 벗어나 다른 행성에까지도 그 범위를 넓히고 있다. 심지어 동물뿐만 아니라 인간까지 복제하려는 시도도 하고 있다. 예전에는 신의 영역으로만 생각했던 많은 분야가 이제 인간의 능력으로 정복되는 등 인간의 기능은 무한대로 뻗어나가고 있다.

자기이익 추구와 경쟁은 기능성 차별화의 기초이다

그렇다면 인간은 왜 이렇게 기능과 능력을 확장시키려고 노력을 할까? 생존의 위협을 해소하고 윤택한 삶을 누리려는 강력한 동기 때문이라는 거창한 이유도 있을 수 있다. 작게는 오늘보다 나은 내일, 남들보다 나은 우월함이 기능 향상의 목표일 수도 있다. 인류는 약 350만 년 동안 생존해 오며, 수많은 혁신과 퇴행을 반복하면서 생존과 번영의 방법을 찾아왔다. 지구상에 살았던 대부분의 인간은 자신이나 가족의 생존과 번영을 중심으로 살았고 그러한 개인적인 노력이 합쳐져 인류의 발전을 가져왔다. 이러한 인간의 자기이익 추구는 타인과의 경쟁을 불러왔고 경쟁을 통한 결과물들은 인류의 발전을 가져왔다. 경쟁에서 살아남기 위해서는 남들보다 앞선 기능이 필요했고 그것을 개발하거나 취득함으로써 개인 혹은 가족의 안녕을 꾀했다. 남들보다 앞선 기능은 다른 사람에게로 퍼져나가면서 사회는 발전하게 되었다.

이러한 자기이익 추구self-interest와 경쟁의 역할을 꿰뚫어본 사람이 바로 경제학의 아버지라고 불리우는 애덤 스미스다. 그는 《국부론》에서 여러 사람들이 시장에서 자유롭게 경쟁을 하면 '보이지 않는 손'이 조정과 발전의 기능을 한다고 했다. 애덤 스미스가 《국부론》에서 언급했던 자기이익 추구는 이기심selfishness과 조금 구분되는 개념인데, 이기심이 타인에게 손해를 입히면서까지 자기이익만을 위한 파괴적인 탐욕이라면 자기이익 추구는 사회정의와 규범을 벗어나지 않는 순수한 탐욕이라고 할 수 있다. 따라서 앞서 설명한 인간의 소비를 부르는 3가지 심리 중 탐욕은 순수한 탐욕이라는 점에서 결코 부정적으로 대할 필요가 없는 것이다.

따라서 인간의 자기이익 추구와 경쟁은 더 나은 기능을 개발하고 어제보다 나은 내일, 남보다 앞선 자신을 꾀한다는 점에서 기능성 차별화의 토대가 된다. 또한 내일 더 나아질 것이 없다는 절망과 남보다 뒤쳐진다는 도태의 공포 또한 기능성 차별화의 토대가 된다.

기능성의 여러 요소

기능성의 요소에 대해 먼저 알아둘 필요가 있다. 사람의 기능을 향상시킨다는 것은 크게 신체적·정신적으로 직접적인 기능 향상을 돕는 것이다. 더 빠르게 이동시킬 수 있도록 한다던가, 더 강한 힘을 내주게 한다던가, 더 빠른 계산을 하게 한다던가 하는 것들이다. 이러한 신체적·정신적 기능이 일시적으로 상실되었을 때 이를 치료해 주거나 개선해 주는 것이 기능성 차별화 요소이다. 시대를 풍미한 위대한 상품들은 매우 구체적이고 현실적인 기능향상 및 개선을 가져온 경우가 많다. 자동차, 선반, 컴퓨터, 각종 건설장비, 페니실린이나 아스피린 같은 의약품들이 인간의 신체적·정신적 한계를 뛰어넘는 직접적인 기능 향상이나 개선을 이룩하여 시대를 풍미한 상품들이다.

인간의 신체적·정신적 한계를 뛰어넘는 기능 향상과 유사한 유형으로 '시간의 절약'도 기능성의 한 요소이다. 시간은 빈부와 신분과 인종을 뛰어넘어 누구에게나 공평하고 유한하다. 따라서 시간을 절약해 주는 것은 매우 직접적이고 임팩트 있는 기능성 차별화 요소이다. 우리의 생활에서 이렇게 시간을 절약해 주는 기능성 상품들은 흔히 찾아볼 수 있다. 헤어드라이어·식기세척기·건조기 등의 생활가전부터 자동차·비행기 등의 교통수단까지 아침에 일어날 때부터 잠들 때까지 우리의 시간을 절약해 주는 수많은 상품들이 있다. 특히 세탁기는 주부의 시간을 획기적으로 절약해 준 세기의 발명품이라고 할 수 있다. 예전에는 주부의 가사노동시간 중에서 빨래가 차지하는 비중이 엄청나게 높았다. 내가 아주 어렸을 때 집에 세탁기가 없던 시절 8명 대식구 중 유일한 가사 담당자였던 우리 어머니는 집 한 켠에 있는 수돗가에서 하루 종일 빨래를 하셨다. 어머니의 증언으로는 하루에 빨래만 3~4시간을 하셨다고 한다. 세탁기는 그런 우리 어머니들에게 하루 3~4시간을 선물했다. 세탁기는 주부들에게 그야말로 신의 선물이라고 해도 과언이 아니다.

비용 절감 등 '물질적 이익'을 가져다 주는 것도 기능성 차별화의 한 요소이다. 시간에 따른 비용 절감, 즉 물질적 이익을 준다는 점에서 경제성 차별화와 유사한 부분이 있지만 기능성 차별화에서는 제품 자체의 가격이 아닌 해당 제품을 이용함으로써 생기는 물질적(시간 절약, 비용 절약 등) 이익을 얻을 수 있다는 것이다. 즉, 경제성 차별화가 현재의 금전을 절약해 주는 것이라면 물질적 이익 측면의 기능성 차별화는 미래의 금전을 절약해 주는 것이다. 예를 들면 공장의 어떤 자동화 설비는 다른 설비보다 비쌀 수 있지만, 그 자동화 설비는 향후에 발생하는 인건비를 더 줄여줄 수 있는 것이다. 이처럼 물질적 이익을 가져다 주는 기능성 차별화는 경제성 차별화와 그 출발과 방법론적인 측면에서 확연히 다르다. 따라서 두 차별화는 구분해야 할 필요가 있다.

물질적 이익을 가져다 주는 기능성 차별화의 대표적인 사례로는 하이브리드 자동차를 꼽을 수 있다. 하이브리드 자동차는 정숙성·친환경 등 여러 장점이 있지만 아무래도 높은 연비가 가장 큰 장점이다. 하이브리드 자동차는 같은 급의 차량 중 휘발유나 경유 차량에 비해 판매가가 높은 편이지만 연비가 높아 미래의 유지비를 절감시켜 준다는 점에서 기능성 차별화를 가진 제품이라고 할 수 있다.

기능성 차별화 중에서 완전히 새로운 기능을 통해 기존에 할 수 없었던 일들을 가능하게 해주는 기능이 있다. 불가능을 가능케 함으로써 차별화하는 것이다. 엄밀히 말하자면 차별화라기보다는 완전히 새로운 카테고리의 탄생이라고 보는 것이 맞을 것이다. 기존에는 멀리 있던 사람과 대화가 불가능했지만 전화기가 발명됨으로써 멀리 있는 사람과 대화가 가능해졌다. 예전에는 더위를 물리칠 때 바람으로 더위를 일시적으로 날리는 것이었을 뿐 더워진 공기를 시원하게 만들 방법은 없었다. 하지만 에어컨이 발명됨으로써 공기 자체를 시원하게 만듦으로써 더위에서 해방될 수 있었다. 앞서 편의성 사례로 꼽았던 진공청소기도 기능성 차별화의 사례로 꼽을 수 있는데 청소를 편하게 해주는 편의성 측면도 있지만 빗질로는 제거가 어려웠던 부유먼지나 가벼운 오물 등을 없애준다는 면에서 기능성 차별화라고 할 수 있다.

기능성 차별화의 유형별 분류

기능성 차별화를 유형으로 나눈다면 크게 '향상된 기능'과 '새로운 기능'으로 나눌 수 있다.

향상된 기능은 기존의 상품들을 개선한 차별화이다. 좀 더 빠른 초고속인터넷, 좀 더 강력한 진공청소기, 좀 더 개선된 연비의 자동차 등이다. 이 경우 소비자들이 직관적으로 판단할 수 있어 선택하기 쉽고 매출성과도 비교적 빨리 나온다. 하지만 경쟁우위의 파괴력은 비교적 작다. 소비자들은 한 가지 기능 때문에 구매하기보다는 여러 기능과 장점들을 비교하여 구매하는 경우가 많기 때문이다. 하지만 이미 존재한 기능을 개선했다는 점에서 소비자들은 빨리 인지하고 기억할 수 있다. 그리고 기능 향상에 대한 니즈가 꾸준히 존재해 왔기 때문에 소비자가 느끼는 만족도와 그에 따른 매출성과가 빨리 나올 수 있다. 달리 말하면 Low Risk - Low Return의 경향이 강하다.

새로운 기능은 기존에 없던 기능을 선보이는 차별화이다. 차량용 블랙박스, 비아그라, 세그웨이 등이 대표적인 사례이다. 사람의 호기심은 소비를 부르는 주요한 심리이고, 호기심 때문에 인류는 발전할 수 있었다. 어떤 사람은 호기심 때문에 온 생애를 거는 연구를 하기도 한다. 새로운 기능은 사람들에게 강한 호기심을 불러일으킬 수 있고, 이런 새로운 기능을 앞세운 차별화에 성공했을 때 그 파괴력은 매우 강하다. 우리가 일상적으로 사용하는 기능성 상품들은 모두 처음에는 새로운 기능의 상품이었지만, 그 새로운 기능의 강력한 전파력으로 인해 이제는 많은 사람들의 일상품으로 자리잡았다. 하지만 새로운 기능을 이용한 차별화가 실패할 경우 생각보다 초라한 결말을 맺는다.

새로운 기능으로 차별화를 할 때에는 얼마만큼 빠르고 강하게 사람들의 호기심을 자극할 수 있느냐와 새로운 기능의 효용을 소비자에게 얼마만큼 직관적이고 구체적으로 확인시켜 줄 수 있느냐의 두 가지 단계가 있다. 새로운 기능이지만 사람들의 호기심을 자극하지 못하면 그 확산속도는 현저히 느려진다. 또한 새로운 기능의 효용을 소비자가 확인하기 어렵고 효용을 느끼는 것에 시간이 오래 걸린다면 재구매와 확산이 일어나지 않는다. 새로운 기능으로 차별화하는 것은 성공했을 때 성과는 놀랍지만 실패할 확률이 높고 그 실패의 결과도 기업에 치명적일 수 있다. 즉, High Risk - High Return의 경향이 크다.

02

기능성 차별화의 장점

기능성 차별화의 지향점은 업계 스탠더드!

시장에서 기능성으로 차별화에 성공하여 우위를 가진다는 것은 우리 브랜드가 업계의 표준이 된다는 것이다. 이 표준(스탠더드)의 위력은 매우 강하다. 경쟁도 비교도 혁신도 우리 브랜드부터 그 인식이 출발하기 때문이다.

만약에 우리 상품이 시장에서 기능성을 선도하고 소비자들에게도 선두 브랜드로 인식된다면 모든 인식기준이 우리 브랜드가 된다. 소비자들이 해당 기능을 떠올릴 때마다 우리 브랜드를 먼저 떠올리는 것은 당연하고, 대리점·소매점·할인점 등 주요 판매처도 우리 상품을 기준으로 다른 브랜드 상품을 평가하고 비교하게 된다. 심지어 경쟁 브랜드 역시 기술개발과 소비자 커뮤니케이션을 우리 브랜드를 기준점으로 삼고 진행하게 되는 경우도 많다.

　기능성 차별화 상품은 대부분 어렵고 복잡한 기술을 기반으로 하
다 보니 소비자들은 이런 기술적 정보에 대해 어려워 한다. 따라서
기능과 기술에 대해 특정 브랜드와 치환하여 인지하는 경우가 많다.
대표적인 예가 히트텍이다. 히트텍은 유니클로가 판매하는 발열내
의다. 하지만 소비자들은 발열내의라고 부르지 않고 그냥 히트텍이
라고 부른다. 물론 발열내의의 과학적 원리에 대해 잘 모르고 관심도
없다. 유니클로든 ZARA든 BYC든 얇고 편하고 따뜻한 내복은 모두
히트텍이다. 그냥 BYC에서 나오는 히트텍 같은 내복이다.

　기능성 차별화를 통해 시장에서 우위를 가지게 되면 경쟁사의 공
격에 대한 방어 역시 용이하게 된다. 시장의 이슈를 선점하기도 쉬워
진다. 경쟁사가 이미 업계의 스탠더드가 된 우리 브랜드를 따라 해도
그 제품은 우리와 차별화를 하기 어려워진다. 유사한 기능적 범위에
서 소비자들의 마음속에 이미 우리 브랜드가 자리잡고 있기 때문에
웬만큼 차별화된 기능으로는 소비자의 마음을 비집고 들어가기 힘들
어진다. BYC 히트텍을 사면 이것이 유니클로 히트텍과 비교해 좋다

나쁘다로 평가할 것이고, 도루코 면도기를 사면 이것이 질레트 면도기와 비교해 좋다 나쁘다로 평가할 것이다. 어쩌다 경쟁 브랜드가 차별화된 기술을 기반으로 한 기능성 상품을 출시하더라도 이미 기능성 차별화가 된 브랜드가 그와 비슷한 상품을 출시하여 무력화시키는 경우도 흔하게 관찰된다. 즉, 경쟁의 효율성 측면에서 스탠더드가 된 선두 브랜드를 따라잡기 매우 힘들다.

업계 스탠더드는 경쟁에서 유리하다

일단 기능성 차별화로 업계의 스탠더드로 자리잡으면 그 이후에 그 브랜드가 하는 모든 기술적·기능적 개발활동은 소비자·판매자·공급자의 이슈가 되고 다시 시장의 스탠더드가 되는 경우가 많다. 이러한 자기극복을 통해 기능성 차별화를 오래도록 유지하기가 상대적으로 수월해진다. 그 대표적인 사례가 질레트이다. 질레트는 글로벌 면도기시장의 초강자이다. 한발 앞선 기술로 질레트는 한때 전 세계 면도기시장의 70% 점유율을 차지하기도 했다. 2017년 이후 편의성과 경제성을 앞세운 달러셰이브클럽 등 면도기 정기배송서비스 업체에 의해 점유율이 50%대로 떨어지긴 했지만 질레트는 거의 한 세기 동안 전 세계 면도기시장을 석권했다. 질레트의 특징은 끊임없는 자기극복이다. 자기의 주력제품은 항상 자기의 신제품으로 극복한다. 질레트 센서, 마하3, 퓨전, 퓨전 프로글라이드 등 몇 년 주기로 끊임없이 자기들의 주력제품을 넘어서는 신제품을 선보였다. 그리고 신제품을 선보일 때마다 다시 그 신제품은 업계의 스탠더드가 되고 경쟁사들은 질레트를 따라가는 양상이 될 수밖에 없었다.

기능성에 대항하여 기능성으로 차별화하기는 쉬운 것이 아니다. 때문에 일단 기능성 차별화에 성공하여 업계의 스탠더드가 되면 그 이후는 경쟁에서 매우 유리해진다.

<blockquote>

"

기능성 차별화를 통해
업계 스탠더드로 인정받는다면
많은 경쟁분야에서 주도권을 확보할 수 있다.

"

</blockquote>

03

기능성 차별화의
목표

소비자의 필수품이 되라

어떤 기능성 차별화 상품이 시장에서 인정받고 일상생활 구석구석까지 파고들게 되면 어느새 그 상품은 소비자의 필수품이 된다. 우리 브랜드가 소비자의 필수품이 되는 것, 그것이 기능성 차별화의 궁극적인 목표라고 할 수 있다.

새로운 기능, 뛰어난 기능성 차별화는 소비자의 호기심을 불러일으키고, 소비자의 강한 호기심은 상품에 대한 구매로 이어진다. 기능성으로 차별화하고자 하는 제품이 구체적이고 실질적인 퍼포먼스를 보인다면 소비자들은 자발적으로 제품을 홍보하고 입에서 입으로 퍼트릴 것이다. 이러한 퍼포먼스는 희망과 우월이라는 소비자의 순수한 탐욕을 자극하고, 이 자극은 소비자의 인지율과 경험률을 극대화시키고 어느 시점이 되면 이 기능성 상품은 특정 소비자집단^{Segment}

의 필수품이 된다. 이 소비자집단이 커지고 다른 소비자집단으로 확산되면서 결국 대규모 소비자집단의 일상품이 된다. 결국 이 상품이 추구하는 기능성은 모든 사람들이 일상적으로 사용하는 기능이 된다. 진공청소기, 세탁기, 에어컨, 스마트폰이 이러한 과정으로 일상 필수품이 되었다. 이렇게 일상품이 되어버린 기능성 상품은 구매하지 않은 비구매자에게는 뒤처짐의 공포, 소외의 공포를 주기도 한다.

최종 목표는 메가히트 상품

그동안 구매하지 않았던 수많은 소비자가 뒤처지지 않기 위해, 소외되지 않기 위해 그 기능성 상품을 결국 수용하게 되면 그야말로 메가히트 상품이 된다. 두뇌활동을 향상시켜주는 신약이 개발되었다고 가정해 보자. 이 약은 소비자가 확실히 두뇌기능 향상을 금방 느낄 수 있을 정도로 확실한 퍼포먼스가 있다고 평가받는다. 처음에는 이 약에 대한 호기심을 느끼는 소규모의 소비자가 반신반의하면서 이 약을 시험구매하고 복용할 것이다. 아무래도 수험생집단이 먼저 수용할 것이고, 이 약을 복용한 소비자가 약의 효능을 실제 경험하게 되면 이 약은 자신의 두뇌활동을 향상시키고자 하는 탐욕이 있는 소비자집단 사이에서 빠르게 확산될 것이다. 그리고 효과에 대해 긍정적인 반응이 나오면 이 약은 수험생집단을 벗어나 두뇌활동 향상이라는 순수한 탐욕을 가진 모든 소비자집단으로 확산될 것이다. 그 이후 비구매자들은 자신의 두뇌활동이 구매자들보다 뒤떨어질 것만 같은 공포를 느끼게 되어 이 약을 구매하게 될 것이고, 결국 이 약은 일상의 필수품이 될 것이다. 전 세계적으로 엄청난 메가히트를 기록하게 될 확률이 매우 높다. 물론 허구의 극적인 예시지만 많은 기능성 차별화 상품은 예시와 비슷한 수순대로 성공에 이른다.

기능성 차별화의 목표는
소비자의 필수품이 되는 것으로,
내 상품을 이용하지 않을 때 뒤처질 수 있다는 공포심을 자극하여
결국 대부분의 사람들이 사용하는 상품이 되는 것이다.

04

기능성 차별화의 구축방법

퍼포먼스! 퍼포먼스!

마케팅에서 '퍼포먼스'라고 하면 주로 온라인상에서 다양한 경로로 노출된 광고 등을 통해 웹사이트에 유입된 고객들이 매출로 전환되는 실질적 마케팅 결과를 말한다. 따라서 노출, 클릭(유입), 판매 등 데이터들의 분석과 관리를 통해 고객 유입과 매출의 효율을 극대화시키는 과정을 '퍼포먼스 마케팅'이라고 통상 말한다. 하지만 지금부터 설명하고자 하는 퍼포먼스는 그런 퍼포먼스와 다르다.

여기서 말하는 퍼포먼스는 그 상품이나 서비스가 주장하는 컨셉을 소비자가 얼마나 빨리 실질적이고 구체적으로 느끼게 해주느냐이다. 예를 들어 숙취해소음료의 경우 소비자가 이 음료를 마시고 금방 숙취가 해소되는 것처럼 느끼면 그건 퍼포먼스가 잘 나오는 상품이다. 반면에 마셔도 숙취가 해소되는지 안 되는지 잘 모르겠다면 그건 퍼포먼스가 잘 나오지 않는 상품이다. 즉, 퍼포먼스는 고객이 직접 느끼고 평가해야 한다.

모든 상품과 서비스에는 컨셉이 있고, 컨셉은 그 상품과 서비스의 정체성을 규정하고 소비자의 니즈를 자극하는 가장 중요한 요소이다. 이런 컨셉에는 그렇게 주장하는 근거, 즉 RTB^{Reason To Believe}가 있어야 한다. 숙취해소음료의 컨셉이 '효과 빠른 숙취해소음료'라면 숙취가 빨리 해소될 수 있는 근거로 제시하는 '헛개나무 열매 추출물 100mg 함유'가 바로 RTB이다. 그런데 헛개나무 음료를 아무리 먹어도 금방 숙취해소가 안 된다면 그것은 RTB가 퍼포먼스를 보장해 주지 못하기 때문이다. 만약에 소비자가 숙취해소가 빨리 되는 것처럼 느끼게 하기 위해 고함량의 카페인을 넣었고 그 카페인 때문에 정신이 번쩍 들어서 숙취가 해소되는 것처럼 느끼게 된다면 카페인으로 이 숙취해소음료의 퍼포먼스는 향상된 것이고, 여기서 퍼포먼스 요소는 카페인이 되는 것이다. 이처럼 RTB와 퍼포먼스 요소는 같을 수도 있고 다를 수도 있다.

기능성 차별화에서는 이 퍼포먼스가 매우 중요하다. 실질적이고 구체적으로 소비자가 그 기능의 효용을 느껴야만 반복구매와 반복사용이 일어나고 인지와 구매가 확산되기 때문이다. 즉, 소비자가 그 기능에 의존해야만 일상품이 되고 비구매자의 추격구매가 일어나는 것이다. '이렇게 좋은데 왜 소비자들이 구매를 안 하지?'라고 한탄하고 있을 것이 아니라 그 상품이나 서비스의 퍼포먼스를 향상시키려는 노력이 필요하다.

생산자 입장에서는 몇 년 동안 공들여 개발한 이 기능성 상품에 대해 애정과 자신감이 있을 수밖에 없다. 그 때문에 시장에서 성과가 없으면 상품의 우수성과 원리에 대해 더욱 더 열심히 설명하고자 노력을 한다. 하지만 안타깝게도 이러한 노력은 수포로 돌아갈 가능성이 크다. 실체도 불확실한 자신들의 주장을 일방적으로 소비자에게 주입시키려는 것은 다분히 생산자적·공급자적 마인드이다. 소비자는 원리에 대해 궁금해 하지 않는다. 그러한 원리를 통해 개발된 이 기능성 상품은 처음부터 필요 없는 기능이었거나 소비자들이 그 기능에 효용을 못 느끼기 때문에 성과가 없을 확률이 훨씬 높다.

자세한 원리에 대한 설명은 부차적인 문제다. 어찌보면 연애와 비슷하다. 나의 구애가 받아들여지지 않으면 내가 상대방을 얼마나 사랑하는지 그동안 얼마만큼 노력을 했는지 주장하려 한다. 하지만 상대방에게 중요한 것은 나와 사귈 때의 만족감과 나와 함께하는 미래에 대한 기대감이지 그동안 내가 들인 노력과 사랑의 크기는 별로 중요하지 않다. 이는 비단 기능성 차별화뿐만 아니라 다른 속성의 5CORE에서도 마찬가지다. 하지만 기능성 차별화라는 것이 미래에 대한 희망과 미래에 얻을 수 있는 우월감을 자극하는 것이기 때문에 소비자에게 이 기능성 상품의 퍼포먼스를 높여 미래의 희망과 우월감을 충족시켜 주는 것이 다른 속성의 5CORE에 비해 훨씬 중요하다고 할 수 있다.

궁극의 질문 - 그래서 그게 나한테 왜 필요한 건데?

___

기능성 차별화를 한다면 기능 자체보다는 그 기능으로 얻을 수 있는 이익에 집중할 필요가 있다. 컨셉이란 마케터가 소비자를 향해 '우리 상품과 서비스가 이렇게 좋아요'라고 외치는 일방적인 주장과 같다. 주장에는 근거가 필요하고 그 근거는 Fact에 충실하고 논리적으로 완벽해야 한다는 것이 상식이다. 하지만 이러한 상식은 학자나 법률가의 상식일 뿐 마케터의 논리는 조금 달라야 한다. 마케터라면 소비자가 얻을 수 있는 이익을 이해시키고 행동을 유발해야 하는 것이 상식이다. 컨셉의 근거가 되는 것은 RTB이지만 소비자를 이해시키고 행동을 유발하는 것은 퍼포먼스 요소이다. 즉 퍼포먼스에 집중할 필요가 있다

기능성 차별화는 미래지향적이다. 이 기능성 상품을 구매한 후 가까운 미래에 얻을 수 있는 신체적·정신적 능력의 직접 향상, 물질적 이익, 전혀 새로운 기능 등 기능적 효용을 소비자에게 구체적으로 보여주는 것이 중요하다. '이 상품을 구매하면 당신은 앞으로 이런 엄청난 효과를 누릴 수 있을 겁니다'라는 장밋빛 미래로 소비자의 순수한 탐욕을 자극할 수 있어야 한다. 그러기 위해서는 사용상황을 직접 보여줄 필요가 있다. 차량용 블랙박스로 사고를 분쟁 없이 마무리하는 모습, 스마트폰으로 영상을 찍는 모습, 하이브리드 자동차로 월평균 연료비가 극적으로 절감되는 모습 등 사용상황을 직접적으로 보여줌으로써 소비자가 자기에게 돌아오는 이익을 바로 인지할 수 있도록 해줄 필요가 있다.

소비자는 항상 '그래서 그게 나한테 왜 필요한 거지?'라고 묻는다. 기능성 차별화 상품은 그 정도가 더 심하다. 최근에 각광받고 있는 가정용 의류관리기의 경우 LG전자에서 '스타일러'라는 브랜드로 2011년 출시했는데 2018년에 삼성전자와 코웨이에서 잇달아 출시하면서 시장이 커질 것으로 전망된다. 의류관리기는 살균소독, 먼지 털기, 건조, 다림질까지 종합적으로 의류를 관리해 주는 가전제품이다. 하지만 아직까지 많은 소비자들이 이 의류관리기의 기능에 대한 인지가 부족하다. 그런 면에서 의류관리기의 기능들로 얻을 수 있는 소비자 효용에 대해 구체적으로 설명해 줘야 한다. 예를 들면 '스타일러 3분 칼주름' '거실의 세탁소' '미세먼지 킬러'와 같이 가능하면 퍼포먼스가 높은 기능을 중심으로 한 문장, 한 단어로 설명하는 것이 좋다. 그래야 소비자들이 '다림질이 편하겠구나' '세탁소 가는 비용을 줄일 수 있겠구나'라고 바로 이해할 수 있고 '그래서 그게 나한테 왜 필요한 거지?'라는 질문에 명쾌하고 간단하게 답할 수 있다.

기능에 이름을 붙여라

마케팅은 소비자들 마음속에서의 싸움이다. 누가 소비자의 마음속에 먼저 자리잡느냐에 따라 그 이후 싸움의 양상은 달라진다. 만약 어떤 브랜드가 소비자의 마음속에 먼저 자리잡았다면 그 자리를 빼앗기 위해서는 많은 자원과 시간과 노력이 필요하다. 사실 이것은 마케팅에만 국한되는 문제는 아니다. 마케팅과 연애는 매우 비슷하다. 내가 좋아하는 이성의 마음속에 다른 이가 먼저 자리잡고 있다면 그 자리를 빼앗는 데에는 많은 시간과 노력이 필요하다. 만약 내가 좋아하는 이성에게 이미 사귀는 사람이 있다면 자원의 효율성 측면에서는 그 이성을 포기하고 다른 이성을 찾는 것이 더 효율적일 수 있다(물론 사람은 포기나 대안 찾기가 마음대로 되지 않는다). 결국 사람의 마음을 선점하는 것이 매우 중요한 핵심목표이다.

한 사람이 어떤 제품을 최종적으로 구매하기까지는 생각보다 많은 과정이 필요하다. 소비자는 다양한 제품에 대한 정보를 기억해 두었다가 그중에서 호감을 가지는 몇 개 제품을 마음속에 담을 것이다. 그리고 호감을 가지게 되었더라도 그중에서 한 개의 제품을 골라 구매하기까지 여러 가지 요인들이 작용한다. 이 과정에서 기업은 소비자의 마음속에 자신들의 제품을 차별화하여 각인시키는 것이 중요하다. 이를 위해 자신만의 차별화 요소를 한 단어로 '명사화'하여 소비자들에게 인지시키는 것이 효과적이다. 특히 특정한 기술이나 지식을 기반으로 한 기능성 차별화 요소를 가진 제품의 경우에는 어려운 기술적 원리 그리고 그것이 주는 기술적 혜택을 소비자가 이해할 수 있는 쉬운 용어로 전달하는 것이 매우 중요하다. 소비자들이 제품을 이해하고 호감을 가지고 구매하게 하기 위한 한 단어, 한 문장으로 된 명확한 브랜드를 만들어야 하는 것이다.

그래서 기능성 차별화 상품에서 특히 중요한 것이 바로 '명사화'이다. 소비자들은 동사, 형용사, 부사보다는 명사를 더 쉽게 기억한다. '차의 앞뒤에 달아서 차 앞뒤에서 벌어지는 상황들을 녹화하는 소형 카메라'라는 동사가 가득한 풀이형 설명보다는 '차량용 블랙박스'라는 명사가 훨씬 더 기억하기 쉽다. 만일 우리 브랜드만이 가지고 있는 특정 기술과 기능이 있다면 그것을 장황하게 설명하는 것보다는 그 기술과 기능을 '명사화'해야 한다. 이는 곧 그 기술과 기능을 '네이밍'한다는 말이다. 이렇게 우리 브랜드를 알리고 기억시키는 것은 장기적으로 매우 필요하지만 우리가 내세우는 기능과 우리 브랜드가 소비자 마음속에서 잘 연결되리라는 보장은 없다. 따라서 우선 기술과 기능을 확실히 알리고 시작해야 한다. 우리가 동호회 활동을 처음 시작하며 사람들과 소통하고자 할 때 제일 먼저 자기 이름을 알리는 것처럼 우리 기능과 기술의 '이름'을 먼저 알릴 필요가 있고, 그러기 위해서는 우리 기술과 기능에 기억할 만한 네이밍을 할 필요가 있다.

빗물 등 외부에서 들어오는 수분의 침투를 막아 방수를 하고 안에서 발생하는 땀과 수분을 밖으로 원활히 내보내는 특수한 섬유를 우리는 '고어텍스'라고 부른다. 그런데 이 고어텍스는 사실 모든 회사나 제작자가 사용할 수 있는 보통명사가 아니다. 고어텍스는 미국 듀폰사의 연구원 출신인 W.L고어가 창립한 'W.L.Gore & Associates'에서 개발한 특수섬유의 등록상표이다. 고어텍스를 굳이 풀이하자면 '고어사에서 개발한 섬유'란 뜻의 고유명사이다. 하지만 지금은 이러한 방수발수 섬유를 지칭하는 '보통명사'가 되었다.

모든 여성의 피부를 젊게 유지시킬 비밀을 찾아 헤매던 화장품 연구원들이 몇 년을 연구해도 그 해답을 얻지 못하고 있었다. 그러다 우연히 양조장 주조사의 손이 나이에 비해 젊고 부드럽게 유지된다는 사실을 알게 되고 그 주조사 손의 비밀을 풀어낸 끝에 자연의 선물과 같은 화장품을 개발했다. 많은 여성들과 일부 남성들에게는 매우 익숙한 스토리일 것이다. 유명 여배우들이 '놓치지 않겠다'라고 외친 그 화장품, 바로 SK-II 피테라화장품이다. 젊은 피부의 비밀을 찾아 헤맨 연구원들, 나이에 비해 훨씬 젊고 부드러운 양조장 주조사의 손, 그 손의 비밀을 풀어 많은 여성들에게 젊고 부드러운 피부를 선물한 화장품…. 이렇게 흥미롭고 극적인 스토리가 '피테라'라는 이름에 담겨있다. '피테라'라는 이름을 기억하는 소비자라면 이 개발스토리와 '피테라'가 주는 소비자 효용을 기억할 확률이 매우 높다. 이 '피테라'를 앞세워 일본에서 출발한 화장품 브랜드인 SK-II는 국내외에서 엄청난 성공을 거두었다(SK-II의 모기업은 P&G이다).

 '고어텍스' '피테라' 모두 기능과 기술, 나아가 스토리까지 함축시킨 효과적인 '이름'들이다. 그 이름들이 만일 고어사에서 만드는 p203-hg 섬유였다면, SK-II에서 만드는 효소 에센스였다면 지금의 성공은 기대하기 어려웠을 것이다. 이름을 만드는 것이 모든 것의 출발이고 이름은 이미지를 부르고 이미지는 기억을 부르고 상상을 만든다. 소비자가 우리 기술과 기능의 이름을 불러줄 때 우리의 기능성 차별화는 활짝 피기 시작할 것이다.

물고 뜯고 합치고 분해하고…

2000년대 말부터 기술의 화두는 융복합, 즉 컨버전스Convergence였다. 지금도 '융복합적 사고'라는 용어는 어느 집단, 어느 분야에서나 중요한 용어로 대접받고 있다. 하지만 기능성 차별화에서 말하는 Convergence와 Divergence는 그런 거창한 사고체계가 아니다. 기능성 차별화를 할 때 시도할 수 있는 기능의 결합과 기능의 분리를 뜻하며, 기존의 기술이나 기능을 이용한 차별화의 소소한 팁이다.

세상이 깜짝 놀랄 혁신적인 기능을 몇 년 동안 천신만고 끝에 독자개발하여 시장에 경악할 만한 임팩트를 주는 신데렐라 스토리는 아쉽지만 현실에서 찾아보기 어렵다. 또 새로 개발한 기술과 기능이 시장에서 성공을 거둘지에 대한 확신이 없을 뿐더러, 성공한다 하더라도 경쟁력이 언제까지 유지될지는 아무도 모른다. 따라서 새로운 기술과 기능에 나의 모든 자원과 시간을 쏟아붓는 것은 너무도 위험한 일이다 보니 기존의 기능을 잘 활용하여 기능성 차별화를 시도할 필요가 있다.

기존의 기능을 합치고Convergence, 기존의 있던 기능 중 특정 부분을 분리하여 발전시키는 것Divergence도 엄연히 훌륭한 기능성 차별화이다. 이 세상에 많은 기능성 차별화 상품들 역시 기존의 기술이나 기능을 합치고 분리하면서 성장해 왔다. 우리가 찬양해 마지 않는 스마트폰은 크게 휴대폰·PC·MP3가 합쳐진 기능이고, 우리의 주말 여가생활의 많은 부분을 차지하는 IPTV는 인터넷과 TV가 결합된 기능이다. 시계와 스마트폰의 기능이 결합되고 가전제품과 인터넷이 결합되는 등 다양한 기능의 결합이 그 가속도를 붙이고 있다.

한 켠에서는 분리 발전이 활발히 진행되고 있다. 자동차의 여러 기능 중 특정 기능을 분리 발전시킨 무수한 사례를 우리는 경험했다. 도로 주행기능을 강화시킨 스포츠카, 험지 주행능력과 스포츠 및 레

저에 맞게 차내 공간을 최적화한 SUV, 연비 기능을 극대화한 하이브리드 자동차까지 자동차는 지금도 특정 기능의 분리 발전이 활발히 진행되고 있다.

세상에 합쳐질 수 있는 기능은 매우 많다. 또한 더욱 발전시킬 기능의 파편도 기존의 기술과 기능에 담겨 있다. 우리가 여러 기능의 융합과 분리를 상상할 때 기능성 차별화는 출발한다. 스마트폰이 처음 출시되고 그 확산속도가 빨라지고 스마트폰 카메라의 성능이 나날이 발전할 때, 고성능 DSLR 카메라의 지위가 위협받는 것이 아닐까 하고 걱정하는 사람도 많았다. 하지만 스마트폰이 발전하고 확산된다고 해서 고성능 DSLR 카메라가 사라지지 않는다. DSLR 카메라는 지금도 끊임없이 특정 기능을 강화하고 기능을 분리시키며 발전하고 있다. 스위스 아미 나이프에 여러 가지 기능의 공구가 있다고 해서 주방용 칼이나 가정용 소공구가 사라지지 않는다.

이처럼 기능은 얼마든지 합쳐질 수도 있고 분리될 수도 있다. 다만 '어떻게 이 기능과 저 기능을 합칠 수 있을까?' '어떻게 이 기능을 분리하여 새로운 기능성 상품으로 시장을 만들까?' 하는 기능성 차별화 차원에서의 Convergence와 Divergence 사고는 시간이 지나고 기술이 아무리 발전해도 언제나 유용한 사고방식이다.

기능성 차별화의
사례

내 차안의 작은 변호사 - 차량용 블랙박스

아파트나 공용 주차장에 주차를 하고 한 번 주차장을 둘러
보면 대다수 차량의 앞 유리가 반짝 거린다. 바로 차량용 블랙박스가
작동하고 있는 것이다. 이제는 운전자의 필수품이 된 차량용 블랙박
스Event Data Recorder·EDR는 기능성 차별화의 대표적인 사례이다.

블랙박스란 말이 주로 비행기에만 쓰이던 말이었지만 현대자동차
의 사내 벤처기업인 HK e-CAR가 2007년 국내 최초로 차량용 블랙
박스를 개발한 이후 국내 차량용 블랙박스 시장은 10여 년간 크게 성
장해 왔다. 이제는 연간 판매대수가 200만 대를 넘어섰고 시장규모
는 2,000억원이 넘는 큰 시장으로 발전했다. 국내 연간 자동차 판매
대수가 200만 대가 미처 안 되는 것에 비추어 보면 차량용 블랙박스
가 자동차 판매량을 넘어선 것이다. 이제는 운전자들에게 블랙박스

는 그야말로 필수품이 되었다. 또 TV에서는 블랙박스 영상을 소재로 한 프로그램이 인기리에 방영되고 있고 인터넷에서는 블랙박스 영상을 기반으로 한 콘텐츠가 활발하게 유통되고 있다.

블랙박스의 정체성은 한마디로 '내 차안의 작은 변호사'라고 할 수 있다. 이 말을 누가 개발했는지는 불분명하지만 소비자 입장에서 블랙박스의 효용을 가장 간단하고 명쾌하게 설명한 표현이다. 그동안 운전자들은 사고시 분쟁에 휘말리기도 하고 자해공갈단의 공포에 떨기도 했다. 하지만 블랙박스는 그런 위험을 현저히 줄여주는 확실한 퍼포먼스가 있다. 이 퍼포먼스는 그 결과가 미미하지도 않고 퍼포먼스 확인에 오랜 시간이 걸리지도 않는다. 녹화영상의 위력은 대단해 이제 어설픈 자해공갈은 꿈도 못 꿀 일이 되었고 사고 당사자 간의 다툼도 블랙박스 영상 하나면 깔끔하게 해결된다. 소비자 입장에서는 매우 매력적인 퍼포먼스이다.

운전자는 사고가 발생했을 때 우선 블랙박스를 확인하여 자연스럽고 깔끔하게 사고 처리를 하는 자신의 모습을 어렵지 않게 상상할 수 있다. 이와 반대로 블랙박스가 없을 때 자신이 겪을 수 있는 곤란도 어렵지 않게 상상할 수 있다. 블랙박스를 설치하지 않은 운전자는 실질적인 공포감이 들 수 있다. 블랙박스가 없다면 범죄자의 표적이 될 수도 있고 교통사고 발생시 불이익을 받을 수도 있다. 블랙박스가 아직 없다는 것에서 뒤쳐짐의 공포, 소외의 공포가 유발될 가능성이 많다.

차량용 블랙박스를 사용하는 소비자들이 체감하는 퍼포먼스는 너무도 확실하다. 때문에 기능의 확산이 빠르게 되었고 어느덧 필수품이 되어가고 있다. 그리고 그 기능은 끊임없이 발전할 것이다. 다른 분야의 기능과 결합할 것이고 기존 블랙박스의 특정 기능을 더욱 강화한 제품이 계속 개발될 것이다. 블랙박스와 스마트폰이 연동될 수도 있고 화질 등의 성능은 끊임없이 발전할 것이다.

차량용 블랙박스가 보여줬던 확실한 퍼포먼스, '내 차안의 작은 변호사'라는 간단하고 명쾌한 설명, 끊임없는 Convergence와 Divergence는 '그래서 그게 나한테 왜 필요한 건데?'라는 질문에 명쾌한 답을 내리고 있다.

"

기능성 차별화에서 가장 중요한 것은
소비자가 기능을 직접 느낄 수 있는
퍼포먼스를 구현하여
소비자들에게 우리의 상품이
왜 필요한지 명쾌하게 답하는 것이다.

"

6장

5 CORE를
실무에
적용해 보자

01

산업별 메이저 CORE가 있다

산업별로 중요한 CORE는 따로 있다

차별화를 위해서는 5 CORE 차원에서 자신에게 경쟁력 있는 포인트를 설정하는 것이 중요하다. 이때 산업별로 중요한 CORE가 각각 존재한다. 예를 들어 식품산업에서는 맛이 우선적으로 중요하고 맛은 기호성 차별화에 속한다. 금융산업에서는 일단 소비자의 자산을 안전하게 지키는 신뢰성이 중요하다. 이처럼 산업의 근본적 속성에 따라 더 중요한 CORE가 있을 수도 있고 현재 그 산업계의 트렌드가 특정 CORE에 집중되기도 한다.

아무리 숙취해소가 잘되는 기능성 차별화가 뛰어난 음료라고 할지라도 맛이 너무 떨어진다면 매출 확대가 제한적일 수밖에 없다. 아무리 고수익을 가져다 주는 기능성 차별화가 뚜렷한 금융상품이라도 기본적으로 신뢰성에 문제가 있다면 역시 그 상품의 성장은 제한

적일 수밖에 없다. 이렇게 모든 산업에는 다른 속성에 비해 우선적으로 중요시되는 속성이 존재할 수밖에 없다. 따라서 지금 우리가 활동하고 있는 산업에서 가장 중요하게 생각하는 CORE를 먼저 파악해야 한다. 그 메이저 CORE는 웬만한 공략으로는 쉽게 변하지 않는다. 소비자들의 인식도 확실하고 시장의 규모도 크고 경쟁하는 업체들도 규모가 크다. 이런 크고 확실한 CORE를 잘 분석하고 공략해야 한다.

CORE의 틈새를 공략하라

산업별로 존재하는 메이저 CORE를 공략하기 위해서는 자본과 인력, 시간이 많이 소모된다. 경쟁과정도 매우 고통스럽다. 하지만 다행인 점은 산업별로 가장 중요시되는 CORE, 즉 메이저 CORE가 있다고 해서 그것이 영원불변하지는 않다는 점이다. 메이저 CORE는 언제든 바뀔 수 있고 CORE 간의 중요도 격차가 줄어들 수 있다.

과거 우리나라의 국민소득이 일정 수준에 못 미쳤던 시절에는 식품산업에서 경제성 차별화와 기호성 차별화가 중요했다. 말 그대로 '싸고 맛있는' 음식이 우선 고려대상이었다. 하지만 최근 들어 식품업계에서는 안전한 식품, 깨끗한 식품 등 신뢰성에 대한 수요가 가장 중요한 테마가 되었다. 그래서 어느 시점부터 신뢰성 차별화로 성공한 기업이 생겨났고, 거의 모든 식품업체는 안전한 식품이라는 인증이 필수가 되었다. 그렇다고 경제성이나 기호성 차별화가 완전히 무력해진 것은 아니다. 신뢰성이라는 한 CORE의 중요성이 부각되었을 뿐이다. 그렇게 식품산업은 발전하고 있다.

이처럼 시간이 지나면서 어떤 CORE는 그 가치에 비해 업계에서 덜 중요하게 취급될 수 있고, 어떤 CORE는 지나치게 중요하게 취급 되는 경우도 있다. 여기서 시장기회가 발생한다. 가치에 비해 덜 중요하게 취급받고 있는 CORE와 시장의 트렌드를 살폈을 때 향후에 더 중요하게 취급받을 수 있을 것 같은 CORE에 집중해 시장기회를 얻을 수 있다. 항상 트렌드가 있다면 안티-트렌드도 있는 법이다. 세상 모든 사람이 좀 더 기능적이고 빠른 디지털 세상을 원하는 것 같지만 한 켠에서는 느리고 불편한 아날로그적 삶을 추구하는 사람도 있는 법이다.

식품업계에서 지나치게 신뢰성 차별화에 집중하고 있는 것 같다면 작정하고 맛에만 집중하여 기호성 차별화를 시도하는 것도 시장기회 를 여는 좋은 방법일 수 있다. 시장이 다양한 기능과 엄청난 고스펙 의 기능성 차별화 스마트폰에만 집중하고 있다면 기능을 한정하고 제한적인 스펙을 가진 저렴한 가격의 경제성 차별화 스마트폰이 어 쩌면 성공할지도 모른다.

산업마다 더 중요하게 생각하는 CORE는 항상 있다. 이 메이저 CORE는 매우 중요하기 때문에 이를 무시하지 말고 지금 내가 활동 하는 있는 분야의 메이저 CORE가 무엇인지 항상 고민하고 공고히 할 수 있도록 신경을 곤두세워야 한다. 또한 이런 메이저 CORE의 이면에 시장기회가 존재하고 있다는 것도 항상 염두에 두어야 한다. 현재 각 산업별 메이저 CORE들의 가치를 냉정하고 미래지향적으로 평가할 수 있다면 언제든 시장을 공략할 수 있다.

02

5 CORE에는
커트라인이 존재한다

특정 CORE에서 압도적인 경쟁력을 갖추고 있다고 시장에서 성공할 수 있을까? 자신 있게 '그렇다'라고 말하긴 어렵다. 엄청난 기능을 갖추거나 엄청난 편의성을 갖춘 상품도 소리소문 없이 시장에서 사라진 경우를 수없이 많이 봐왔다. 바로 5 CORE에는 '과락'이 존재하기 때문이다.

5 CORE에는 과락, 즉 커트라인이 존재한다. 이 커트라인은 소비자가 구매를 망설이게 되는 조건이 되어 결국 시장진입의 한계를 규정짓는다. 만약 어떤 속성에서 과락이 발생하면 일정 수준 이상으로 매출이 증가하지 않는다. '이렇게 뛰어난 기능이 있는데 왜 이것밖에 안 팔리지?'라고 묻는다면 그 대답은 간단하다. 특정 CORE에서 커트라인을 통과하지 못했기 때문이다.

실패요인을 분석하는 툴을 준비하자

엄청나게 맛있어서 기호성 차별화에서는 압도적인 우위를 보이지만 가격이 너무 비싸서 경제성 측면에서 과락이 발생했다면 그 음식의 매출한계는 분명하다. '비싸도 맛있으면 사먹을 거야'라는 생각은 순진한 생각이다. 물론 비싸도 맛만 있으면 사먹는 사람이 있다. 다만 그 수가 적을 뿐이다. 이럴 경우 우선 가격을 낮추어 경제성 커트라인을 넘어야 한다. 가격을 낮추는 방법은 여러 가지가 있을 수 있다. 양을 줄여서 개당 가격을 낮추는 방법도 있고 세트 메뉴 같은 조합상품을 만들어 가격을 보전할 수도 있다. 그래도 안 되면 맛은 어느 정도 포기하더라도 우선 경제성 커트라인을 넘어서야 한다. 그것도 불가능하다면 기대매출의 폭을 낮추거나 소비자 타깃 자체를 변경해야 한다. 매출을 가로막는 것은 나의 강점이라고 생각했던 CORE의 경쟁력이 부족하기 때문일 수도 있다. 하지만 많은 경우 다른 CORE에서 과락이 발생해 매출을 가로막는 경우도 비일비재하다.

기업은 상품개발단계에서부터 여러 가지 마케팅 툴을 이용해 미리미리 점검하고 내외부적으로 사전조사를 하는 등 경쟁력을 가다듬는 데 많은 비용을 투입한다. 또한 출시 이후 마케팅 성과를 측정하는 방법도 정보처리기술의 발달과 더불어 다양하게 개발되고 있다. 하지만 자신의 실패요인을 분석할 수 있는 툴을 개발해 놓는 경우는 드물다. 따라서 어떤 CORE에서 과락이 발생하고 있는지 그 CORE의 커트라인은 어느 수준인지 기준을 정해놓고 측정을 하고 분석을 하는 것이 매우 중요하다. 그래야 실패를 최소화할 수 있다.

03

5 CORE를
수치화하라

우리는 마케팅에서 데이터가 얼마나 중요한지 잘 알고 있다. 또 측정할 수 없는 것은 관리하기 어렵다는 사실도 잘 알고 있다. 따라서 5 CORE 역시 수치화할 수 없다면 관리가 매우 어렵다는 것은 자명한 사실이다. 경제성, 기호성, 편의성, 신뢰성, 기능성이라는 5 CORE가 막연히 개념적이라고 생각할 수도 있다. 하지만 5 CORE는 얼마든지 수치화할 수 있고 어떻게든 수치화해야 한다. 한편으로는 5 CORE를 얼마나 정확하게 수치화할 수 있느냐가 그 기업 혹은 브랜드의 마케팅 능력이라고 할 수 있다.

측정할 수 있어야 관리가 가능하다

마케팅분야에는 다양한 소비자조사방법론과 통계학적 분석

도구가 있다. 그리고 이를 통해 나오는 통계수치는 매우 중요하다. 다만 그 실효성 면에서 만족도는 다소 떨어지는 편이다. 단순히 구매의향률, 인지율, 경험률, 호감도 정도만 물어보는 수준에서는 의미있는 수치를 도출하기 어렵다. 특히 소비자조사에서는 좋은 결과를 도출하는 일종의 꼼수가 얼마든지 통용된다. 마케터들 사이에서 농담반 진담반으로 '마음만 먹으면 구매의향률 정도는 90% 이상 만들 수 있다'라는 우스갯소리를 어렵지 않게 들을 수 있다. 따라서 좀 더 실효성 있고 객관적인 소비자조사를 진행할 필요가 있다.

어떤 상품을 기획하고 개발하는 단계에서 단순히 구매의향률 정도만 물어보는 수준의 소비자조사보다는 진짜 구매하려는 이유, 매력을 느끼는 이유를 심층적으로 물어보는 것이 중요하다. 특히 경쟁사와 비교하는 소비자조사는 꼭 진행해야 한다. 내가 만든 식품이 기호성이 뛰어나 구매의향률이 높다고 잘 팔리는 것은 아니다. 소비자들이 경쟁사에 대해 느끼는 기호성이 더 뛰어날 수 있기 때문이다. 경쟁사와 비슷한 수준의 차별화는 차별화가 아니다. 내가 추구하는 차별화가 경쟁사에 비해 얼마나 뛰어난지 어느 부분에서 경쟁사에 비해 경쟁력이 떨어져서 '과락'이 발생하는지 객관적으로 조사할 필요가 있다.

실효성 있고 현실적인 소비자조사를 통해 일관된 분석기준을 마련해 두는 것이 차별화를 날카롭게 만드는 주요한 능력이다. 경쟁사에 비해 그리고 다른 산업에 비해 5 CORE 측면에서 냉정하고 객관적인 기준을 만드는 것이 전체적인 경쟁력 제고의 출발점이다. 체계적이고 현실적인 소비자조사기준과 지표를 축적해 놓은 기업이야말로 체계적으로 마케팅을 구사하는 기업이라 할 수 있다.

04 천릿길도 한걸음부터
– 선택과 집중

'우리가 이번에 출시한 이 옷은 예쁘고 가격도 합리적이고 편하고 소재도 엄선하여 피부에 안전하고 완벽한 방수·통기·발수 기능이 있는 최고의 옷입니다'라고 홍보한다면 소비자들은 어떻게 반응할까?

적어도 마케팅에서 '다 좋다'라는 말은 '좋은 것이 하나도 없다'라는 말과 같은 말이다. 소비자는 '다 좋다'라는 말을 믿지 못하거나 '다 좋다'라는 장점 중에서 어떠한 장점도 기억하지 못할 것이기 때문이다. 각고의 노력 끝에 힘들게 개발한 상품이나 서비스에 여러 가지 많은 장점이 있을 수 있겠지만 선택과 집중을 통해 컨셉을 날카롭게 다듬어야 한다.

어떤 상품은 5 CORE 모든 측면에서 경쟁력이 있을 수 있다. 또한 경쟁력을 가진 모든 컨셉에서 하나하나 소비자와 직접 소통하면서 시장을 개척할 수도 있다. 문제는 모든 컨셉을 차별화하고 고객과 소통하기 위해서는 예산과 시간 등 소요되는 자원이 너무 많이 필요하다. 따라서 자원이 충분하지 않고 시장에서의 지위도 압도적이지 않다면 어떤 CORE를 차별화할 것인지, 선택과 집중을 통해 소비자에게 인정을 받으면서 성장할 필요가 있다. 아무리 다방면에서 훌륭한 상품이라도 한 단어, 한 문장으로 간결하고 명쾌하게 소비자에게 전달해야 간신히 기억될 수 있다.

유니클로는 처음부터 지금의 유니클로가 아니었다. 사업 초기에는 편하고 저렴한 의류를 지향하며, 차근차근 히트텍·울트라라이트다운 등 기능성 의류로 그 영역을 확대했다. 그리고 이제는 유명 디자이너와 콜라보레이션을 진행하고 연예인이나 스포츠 스타를 광고에 기용하거나 후원하면서 기호성을 확보하려는 노력을 하면서 지금의 유니클로가 되었다.

특정 CORE에서 경쟁사를 압도하면 일정 규모 이상의 시장점유율을 확보할 수 있다. 2개 이상의 CORE에서 압도하면 시장에서 막강한 우위를 점유할 수 있다. 3개 이상의 CORE를 압도하면 메가 브랜드, 글로벌 브랜드로 성장할 수 있다. 하지만 천릿길도 한걸음부터다. 우리 회사, 우리 브랜드가 우위를 점할 수 있는 단 하나의 CORE가 무엇인지 고민해 보자.

> **"**
>
> 어떤 CORE를 차별화할 것인지,
>
> 선택과 집중을 통해
>
> 컨셉을 날카롭게 다듬어야 한다.
>
> **"**

PART 3

CP Balance가
진짜 경쟁력이다

01

당신의 컨셉은
무엇입니까?

모든 상품과 서비스에는 컨셉이 있다

모든 상품과 서비스에는 컨셉^{Concept}이라는 것이 존재한다. 우리가 매장에서 보는 일반상품뿐만 아니라 영화·방송·아이돌 같은 문화상품, 나아가 정치인이나 개인에게도 컨셉이 있다. 컨셉은 사전적 의미로 '개념, 관념, 사물이나 현상의 본질적 특징을 반영하는 사고체계'라고 정의된다.

마케팅에서는 상품이나 서비스를 판매하는 주체가 내세우는 주장으로, 소비자에게 전달하고 싶은 상품이나 서비스의 핵심가치라고 풀이할 수 있다. 즉, 고객이 원하는 바를 효과적으로 충족시킬 수 있는 효용가치를 표현한 핵심단어와 문장을 '컨셉'이라고 한다. 예를 들어 '음주전후 숙취해소를 빠르게'라는 표현은 숙취해소음료의 컨셉이다. 소비자의 빠른 숙취해소라는 니즈에 부합하는 컨셉이라고 할 수 있다. '바람과 스팀으로 의류를 더 깨끗하게 관리할 수 있는 새로운 의류청정기'는 경쟁사와 차별화되는 가정용 의류관리기의 컨셉이다.

좋은 컨셉의 조건

———

좋은 컨셉의 조건은 마케터마다 기업마다 학자마다 다를 수 있지만 대략적으로 몇 가지 공통된 조건이 있다. 먼저 소비자의 눈과 귀를 사로잡을 수 있도록 독특해야 하고, 경쟁사와 차별화되어야 하며, 상품의 특성과 연관성이 있어야 한다. 그리고 무엇보다 고객의 니즈와 직접적으로 연결되어야 한다. 경쟁사와 다르게 헛개나무 열매 추출물이 다량으로 함유되어 있어 효과가 빠르다는 점을 독특하고 효과적으로 소구해야 한다. 또 경쟁사와 다르게 과학적이고 강력한 기능의 바람과 스팀을 통해 더 깨끗하고 안전하게 의류를 관리해준다는 점을 역시 독특하고 효과적으로 소구해야 하는 것이다.

컨셉을 개발하는 방법

———

컨셉을 개발하는 과정은 소비자의 니즈를 파악하는 것부터 시작한다. 소비자가 무엇을 원하는지, 기존 상품에서 어떤 불만을 느끼는지 파악해야만 우리 상품의 아이디어를 구성할 수 있다. 때문에 기업들은 다양한 경로로 소비자의 니즈를 파악하기 위해 노력한다.

대규모 소비자조사를 정기적으로 진행하기도 하고 소비자 모니터그룹을 운영하기도 한다. 그렇게 파악된 소비자 니즈를 토대로 상품화 가능성을 타진하고 경쟁사의 움직임을 파악하고 우리 회사의 역량을 살핀다(이를 3C$^{Company, Competitor, Customer}$ 분석이라고 한다).

이런 분석을 통해 소비자의 니즈를 효과적이고 직접적으로 충족시킬 수 있는 핵심적인 단어와 설명이 들어간 컨셉이 만들어지게 되고, 그 컨셉을 충족시키는 실제 상품·서비스가 개발된다. 소비자가 야외에서 텐트를 설치하고 철거하는 것에 불편을 느끼고 좀 더 편하게 설치·철거할 수 있는 텐트에 대한 니즈가 있다는 것을 파악하고 원터치 텐트를 개발하는 것은 전형적인 소비자 니즈에 맞춘 컨셉이라고 할 수 있다.

컨셉을 개발하는 또 다른 방법은 기업 내부의 현재 역량, 즉 시즈 ^{Seeds}를 활용하는 것이다. 기업 내부의 아이디어나 기술을 토대로 고객의 수요를 자극하는 방법이다. 그 기업이 보유하거나 실현가능한 제품을 어떤 소비자집단에 어떠한 형태로 공급할지, 어떤 용도를 개발하고 어떤 소비자 욕구를 자극할지 등 다양한 의견과 인사이트를 담아 상품과 서비스를 개발한다. 따라서 시즈를 기반으로 한 신상품과 신규 서비스의 컨셉은 새로운 기능을 설명하고 적용가능한 용도를 규정하는 경우가 많다. 이러한 마케팅 사례로 스티브 잡스가 있는데, 그는 시장조사를 하지 않는 것으로 유명했다. 애플이 가지고 있는 기술과 본인의 인사이트를 조합하여 새로운 기능을 개발하고 소비자에게 용도와 활용방법을 제시하는 형태이다. 그렇다 보니 아이폰은 TV 광고보다 스티브 잡스의 신제품 출시 프레젠테이션이 더 주목을 받고 화제가 되었다. 애플 입장에서도 이러한 잡스의 프레젠테이션을 적극 홍보하고 활용할 필요가 있었던 것이다.

컨셉에는 근거가 필요하다

———

컨셉은 브랜드가 소비자에게 주장하는 것이다. 우리 상품이 얼마나 훌륭하고 소비자에게 얼마나 만족감을 주는지 잘 설명하고 기억시키기 위한 도구가 컨셉이다. 모든 주장에는 근거가 필요하듯 '컨셉'이라는 주장에도 역시 근거가 되는 RTB^{Reason To Believe}가 필요하다. 컨셉이 소비자에게 인정받기 위해서는 이 RTB가 튼튼해야 한다. 즉, 사실에 기반해야 하고, 경쟁사가 쉽게 따라할 수 없어야 하고, 소비자가 잘 이해할 수 있어야 한다.

'효과 빠른 숙취해소제'라는 컨셉의 RTB는 '헛개나무 열매 추출물'이고, '합리적인 가격의 전문 여행사'라는 컨셉의 RTB는 '중간 유통과정을 생략해 비용을 줄인 직판 전문여행사'이다. 헛개나무 열매의 숙취해소 효과를 소비자가 인정하고 수긍하기 때문에 빠른 숙취해소라는 컨셉이 효과를 발휘하게 된다. 중간 유통과정을 줄이면 비용이 줄고 비용이 줄면 판매가격도 낮출 수 있다는 것을 소비자가 이해하고 수긍하기 때문에 합리적인 가격을 내세우는 직판 전문여행사에 대해 소비자가 매력을 느낄 수 있는 것이다.

지금 당장은 소비자에게 충분히 알릴 수 없거나 소비자가 충분히 이해하지 못하더라도 RTB는 논리와 사실관계가 정확하고 그 깊이가 충분해야 한다. 향후 그 상품의 컨셉이 소비자에게 효과적으로 수용되어 상품 판매가 늘어나고 시장에서의 지위가 상승한다면 이 RTB에 대한 시장의 검증과 공격이 언제라도 진행될 수 있기 때문이다. 따라서 지속적인 경쟁력을 확보하기 위해서는 RTB를 꾸준히 개발하고 그 논리를 다양하게 검증해야 한다.

그런데 여기서 한 가지 의문이 든다. 왜 컨셉도 날카롭고 RTB도 튼튼한데 성공하지 못할까? 소비자의 니즈에 맞춘 컨셉이고 그 컨셉을 상품화하기 위해 수많은 마케터들이 각고의 노력을 했을 텐데 소비자는 왜 그 상품을 외면할까? 그 상품이 소비자들에게 필요가 없었던 것일까? 정답은 컨셉이나 RTB에 있지 않다. 그 답은 소비자가 그 상품의 효용을, 그 상품의 장점을 얼마나 실질적으로 느낄 수 있느냐에 있다. 기업이 외치는 컨셉이 말만 번지레한 것인지 아니면 실질적으로 소비자에게 이익이 되는 것인지는 전적으로 소비자가 판단할 문제이기 때문이다. 따라서 상품이 말하는 컨셉을 소비자들이 빠른 속도로 잘 느끼고 있는지 판단할 수 있는 기준과 개념체계가 필요하다.

"

모든 상품과 서비스에는 컨셉이 존재한다.
좋은 컨셉이란
소비자의 눈과 귀를 사로잡을 수 있도록 독특해야 하고,
경쟁사와 차별화되어야 하며,
상품의 특성과 연관성이 있어야 한다.
그리고 무엇보다 고객의 니즈와 직접적으로 연결되어야 한다.

"

궁극의 경쟁력은 퍼포먼스

눈에 보이는 퍼포먼스를 하라

얼마 전 펫용품 박람회에서 인상적인 장면을 봤다. 반려동물 살균소독제 업체의 전시부스였는데, 그 업체의 컨셉은 천연성분의 안전한 살균소독제였다. 반려동물을 키우는 소비자들은 반려동물의 건강을 위해 주변의 세균과 해충을 소독하거나 살균하고 싶어 한다. 특히 외출 후에는 더더욱 필요하다. 하지만 살균소독제의 독성이 항상 마음에 걸린다. 따라서 천연성분의 안전한 살균소독제는 소비자 니즈에 부합하는 효과적인 컨셉이다. 문제는 이 살균소독제의 '안전함'을 박람회 부스를 바쁘게 오가는 소비자들에게 어떻게 빠르고 효과적으로 전달하고 설득하느냐이다. 결과적으로 이 브랜드의 전시부스는 대성황을 이루고 있었는데, 이유는 회사의 대표로 보이는 듯한 남자 덕분이었다. 그는 살균소독제 스프레이를 자기 입안에 뿌리고 있었다. 마치 물을 마시듯 입안에 뿌리고는 소리 내어 가글을 하고 있었다. 그러면서 사람이 먹어도 안전한 살균소독제라고 홍보하고 있었다. 다소 충격적일 수 있는 시연 장면에 그 전시부스를 지나가던 소비자들은 그의 퍼포먼스에 발걸음을 멈추고 그 살균소독제에 지대한 관심을 보였다. '안전함'이라는 추상적인 컨셉을 '먹는다'라는 퍼포먼스를 통해 소비자들에게 시각적으로 '보여줬기' 때문이다.

사람들은 날카로운 컨셉 혹은 튼튼한 RTB만으로 쉽게 설득되지 않는다. 직접적으로 소비자가 효용을 느낄 수 없다면 재구매도 일어나지 않으며, 결국 그 상품과 서비스는 도태될 수밖에 없다. 따라서 컨셉이나 RTB와는 별도로 소비자 입장에서 효과적으로 느낄 수 있는 효용에 대해 관리를 할 필요가 있다. 이처럼 소비자가 즉각적이고 직접적으로 컨셉의 효용을 체험하게 만드는 것이 바로 '퍼포먼스'다.

퍼포먼스는 소비자 입장에서 감각적으로 확인할 수 있거나 수치로 확인되거나 다른 사람이 평가해 주는 등 구체적이고 현실적으로 빠르게 느낄 수 있어야 한다. 컨셉이 훌륭하다면 '우리 컨셉이 매우 훌륭합니다'라고 주장만 할 것이 아니라 퍼포먼스를 통해 컨셉의 훌륭함이 증명되어야 하는 것이다. 그 반려동물 살균소독제 회사의 대표는 '안전함'이라는 컨셉을 '먹어 보임'이라는 퍼포먼스로 증명했던 것이다.

퍼포먼스 팩터를 개발하라

소비자에게 퍼포먼스를 느끼게 해줄 수 있는 요인을 퍼포먼스 팩터PF, Performance Factor라고 한다. '효과 빠른 숙취해소제'가 컨셉이라면 숙취가 빨리 해소되는 것처럼 느끼게 해주는 요인, 예를 들면 '헛개나무 열매'가 바로 퍼포먼스 팩터이다.

대부분 RTB와 퍼포먼스 팩터는 같다. 다이슨 무선청소기의 강력한 흡입력의 RTB는 강력한 DDM 모터이다. TV 광고에서도 모터의 성능을 강조한다. 다이슨 무선청소기의 퍼포먼스 팩터 역시 DDM 모터이다. 실제 다이슨 무선청소기를 사용하는 소비자들은 다이슨의 강력한 흡입성능에 만족도가 높다. 다이슨 무선청소기의 '강력한 흡입력의 청소기'라는 컨셉을 소비자가 직접적이고 즉각적으로 느끼게 해주는 퍼포먼스 팩터는 RTB와 같은 DDM 모터이다.

반면 RTB와 퍼포먼스 팩터는 서로 다를 수도 있다. 만약 헛개나무 열매 추출물로 인해 빠른 숙취해소가 가능하다고 하는 숙취해소제에 다량의 카페인이 들어 있다면 RTB는 헛개나무 열매 추출물이지만 실제로 숙취가 해소되는 것처럼 느끼게 하는 것은 다량의 카페인일 수 있다. 이럴 경우 RTB는 헛개나무 열매 추출물이지만 퍼포먼스 팩터는 다량의 카페인이 된다. 많은 경우 RTB와 퍼포먼스 팩터가 동일하지만 RTB에 퍼포먼스 요소가 부족하다면 이처럼 별도의 퍼포먼스 팩터를 개발할 필요도 있다.

효과적인 퍼포먼스는 소비자가 가능한 한 직접 느낄 수 있어야 하고 기억하기 쉬워야 한다. 눈에 보이고 몸으로 느낄 수 있어야 한다.

추상적이거나 비현실적이어서는 곤란하다. 빠르고 합리적인 스마트 쇼핑이 쇼핑몰의 컨셉이라면 진짜 빠른 배송과 저렴한 가격을 눈에 보여줘야 한다. 어제 저녁에 주문했는데 오늘 문 앞에 로켓배송 박스가 놓여 있다면 TV 광고보다 훨씬 구매욕구를 자극할 수 있다. 로켓배송이라는 퍼포먼스의 위력이다. 이제 쿠팡의 로켓배송은 빠른 배송의 대명사가 되었다. 요즘은 CJ대한통운과 같은 일반 택배도 전날 주문하면 다음날 배송완료되지만 빠른 배송을 원하는 소비자에게 가장 먼저 떠오르는 단어는 '로켓배송'이다. 로켓배송은 소비자가 눈으로 보고 몸으로 느낄 수 있는 효과적인 퍼포먼스이기 때문이다.

퍼포먼스에도 이름을 붙여라

마케팅에서 네이밍은 굉장히 중요하다. 같은 컨셉이라도 네이밍을 어떻게 하느냐에 따라 고객의 인지율과 기억률은 현격한 차이가 난다. 이는 퍼포먼스도 마찬가지이다. 퍼포먼스가 강하고 차별적이라면 퍼포먼스에도 네이밍을 제대로 할 필요가 있다. 우리가 '로켓배송'을 잘 기억하듯이 네이밍이 잘된 퍼포먼스는 소비자가 기억하기 쉽고 브랜드와 연결하기도 쉽다. 만약 '로켓배송'이 아니라 '익일배송' '총알배송'과 같이 일반적인 단어였다면 퍼포먼스에 차별성을 가지기 어려웠을 것이다.

식품 큐레이션 서비스인 마켓컬리의 대표적인 퍼포먼스는 '샛별배송'이다. 마켓컬리를 경험한 소비자는 '샛별배송'이라는 퍼포먼스를 기억한다. 다음날 새벽에 배송해 주는 서비스는 헬로네이쳐 같은 곳에서도 하고 있지만 '샛별배송'이라는 퍼포먼스 네이밍을 통해 마켓컬리는 유사한 서비스를 제공하는 업체들의 대표 브랜드가 되었다. 다음날 새벽에 배달해 주는 서비스를 통칭하여 '샛별배송'이라고 기억하는 소비자들도 있다. 이처럼 간결하고 명쾌하고 기억하기 쉬운 네이밍은 마케팅의 핵심활동이다. 우리의 퍼포먼스를 고객들이 기억해 주길 원한다면 효과적인 네이밍은 반드시 필요하다.

퍼포먼스는 기업 모두의 과제이다

훌륭한 퍼포먼스는 높은 빈도의 재구매와 빠른 바이럴을 가져온다. 따라서 처음부터 상품의 컨셉을 설정할 때 퍼포먼스를 염두에 두고 기획할 필요가 있다. 만약 몇 가지 컨셉 중에서 무엇을 선택할지 고민이라면 어떤 컨셉이 더 퍼포먼스를 내기 쉽고 소비자에게 임팩트가 큰지 판단해 퍼포먼스 측면에서 가장 좋은 컨셉을 선택할 필요가 있다. 때로는 빠르게 인지될 수 있는 퍼포먼스를 기반으로 한 컨셉과 장기적으로 중요한 퍼포먼스를 기반으로 한 컨셉을 분리하여 소비자에게 소구할 필요도 있다.

퍼포먼스를 구현해 내는 것도, 퍼포먼스 팩터를 찾는 것도 쉬운 일은 아니다. 그리고 퍼포먼스를 경쟁사와 명확히 차별화하는 것은 더 어렵고, 차별화된 퍼포먼스를 지속적으로 유지하는 것은 더더욱 어렵다. 그렇기 때문에 퍼포먼스는 궁극의 경쟁력이다. 컨셉을 개발하고 기획하는 것은 마케터의 일이지만 퍼포먼스를 구현하는 것은 어쩌면 연구소·생산·영업 등 기업 내 핵심부서의 공통된 업무이기도 하고, 결국 기업과 브랜드 모두의 과제이기도 하다.

퍼포먼스의 승리 - 자이글 사례

———

3년에 걸친 연구개발 끝에 2009년 시장에 첫선을 보인 '자이글 조리기'라는 특이한 형태의 가정용 불판이 있다. 이 자이글 조리기의 컨셉은 명확하다. 냄새, 연기, 기름 튐이 없는 간편하고 기능적인 불판이다. 기존에 집에서 일반 불판으로 고기를 굽거나 생선을 구울 때 가장 걱정이 되는 부분이 바로 냄새나 연기가 나서 장기간 환기를 시켜야 하고 기름이 튀어서 데이기도 하고 청소하기도 어렵다는 점이다. 자이글 조리기는 이런 소비자의 불편함과 사용상의 제약을 해결하기 위해 적외선 복사열을 이용하는 특정 기술을 접목했다.

자이글 조리기는 위쪽에서 적외선램프로 가열하고 아래쪽에서 적외선 팬으로 음식물을 익히는 특허기술을 이용한 기능성 상품이다. 출시 초기에는 소비자의 인정을 받지 못해 대규모 재고로 고생을 하기도 했지만, TV홈쇼핑을 통해 자이글 조리기가 소구하는 냄새, 연기, 기름 튐이 없다는 장점이 입소문을 타면서 극적인 성장을 기록했다. 10만원이 넘는 고가에도 불구하고 자이글 조리기는 매년 성장을 거듭하여 2016년 (주)자이글이라는 법인명으로 코스닥 상장에 성공했고 연 매출 1,000억원을 기록하기도 했다.

　자이글 조리기는 퍼포먼스가 확실한 컨셉을 가지고 있다. 실제로 냄새가 안 나고 연기도 안 나고 기름도 튀지 않기 때문에 소비자는 그 퍼포먼스를 바로 느낄 수 있다. 이렇게 퍼포먼스가 명확한 경우 추상적인 광고보다는 매장 시연, 소비자 이벤트, 전시회 참가 등 자이글 실물을 보여주고 작동법을 보여주면서 실제 자이글 조리기의 장점을 최대한 보여줄 필요가 있다. 자이글 조리기는 TV홈쇼핑을 통해 충분한 시간 동안 퍼포먼스를 자세히 보여줄 수 있었고, 명확한 퍼포먼스는 바이럴 효과로 이어졌다. 자이글 조리기의 성공신화는 곧 퍼포먼스의 승리라고 할 수 있다.

　만약 자이글이 적외선을 이용해 발암물질이 발생하지 않는 친환경 조리기라는 컨셉으로 소구했다면 어땠을까? 양방향 가열로 인해 요리의 맛을 좋아지게 하는 신개념 조리기라고 소구했다면 어땠을까? 아마도 친환경이라는 신뢰성과 맛이라는 기호성을 소비자가 퍼포먼스로 바로 느끼기는 어려웠을 것이고 자이글 조리기의 성공에는 더 많은 시간과 노력이 필요했을 것이다.

03 CP Balance
– 컨셉과 퍼포먼스의 조화

컨셉과 퍼포먼스는 조화와 균형이 맞아야 한다

우리는 마케팅을 하면서 수많은 소비자조사를 진행한다. 특히 신제품 개발과정에서는 공들여 소비자조사를 진행한다. 문제는 실무에서 진행하는 이러한 소비자조사가 소비자의 궁극적인 니즈와 구매심리 파악에 주력하는 것이 아니라 단순히 신제품 출시를 위한 일종의 절차 혹은 허들Hurdle이라고 생각하고 정해 놓은 기준만 넘어서려고 노력한다는 점이다. 실제로 신제품 출시 각 단계별로 보면 컨셉 설계단계에서 조사대상자에게 실제 제품 없이 컨셉만 가지고 구매의향률 등을 조사하고, 이후 제품의 프로토타입(시제품)이 나오면 그때 다시 실제 조사대상자들에게 그 제품을 사용하게 한 후 구매의향률 등을 조사한다.

문제는 이렇게 확실한 기준 없이 조사의 각 단계별로 기업 내부에서 정해 놓은 허들에 따라 몇 점 이상의 점수, 몇 퍼센트 이상의 수치가 나오면 실제 제품화를 진행한다고 미리 정해 놓는 경우이다. 이렇게 되면 기준이 되는 점수나 수치를 넘기는 조사결과를 받아내는 데에만 급급한 상황이 발생하기도 한다. 하지만 소비자조사를 통해 진정으로 얻어야 할 것은 단순히 점수나 수치가 아니다. 왜 그러한 결과가 나왔는지에 대한 원인 파악이 더 중요하다. 구매의향률이 낮게 나왔다면 제품의 어느 부분이 부족한지, 반대로 구매의향률이 높게 나왔다면 제품의 어느 부분이 잘된 것인지 등에 대해 심도 깊게 분석해야 할 필요가 있다.

컨셉과 퍼포먼스는 어느 정도 측정할 수 있다. 만약 컨셉만 조사했을 때의 구매의향률이 실제 제품을 사용해 본 이후의 구매의향률보다 지나치게 높다면 이 제품은 실제 퍼포먼스에 문제가 있을 확률이 매우 높다. 또 우리 제품의 구매의향률보다 경쟁사 제품의 구매의향률이 더 높다면 경쟁력이 없는 제품일 수 있다. 구매의향률만 높다고 무작정 출시를 위해 달려가면 막상 출시되고 어려움을 겪을 확률이 대단히 높다. 많은 신제품이 이렇게 실패를 향해 달려간다.

성공하는 제품이나 서비스는 컨셉이 훌륭해야 한다. 훌륭한 컨셉이라는 것은 소비자의 니즈를 잘 반영하고 우리 제품과 직접적으로 연결되어 있고 경쟁사와 차별하여 기억하기 쉽고 명쾌해야 한다. 이와 더불어 그 컨셉을 소비자가 구체적이고 즉각적으로 느낄 수 있도록 퍼포먼스도 명확해야 한다.

컨셉만 훌륭하다고 그 제품이나 서비스가 성공할 수 없다. 그 컨셉을 퍼포먼스로 구현해야 한다. 컨셉과 동떨어진 퍼포먼스는 효율적이지 않다. 말 그대로 퍼포먼스는 퍼포먼스로만 기억되고 브랜드와 제품의 연결이 원활하지 않아 기대효과가 크지 않을 수 있다. 즉, 컨셉과 퍼포먼스는 조화와 균형을 이루어야 하고, 이를 CP Balance^{Concept-Performance Balance}라고 정의한다.

CP Balance의 4가지 유형

CP Balance를 기준으로 총 4가지 유형으로 나눌 수 있다. 컨셉과 퍼포먼스가 모두 훌륭한 경우, 컨셉은 좋으나 퍼포먼스가 떨어지는 경우, 컨셉이 날카롭지 않은데 퍼포먼스만 훌륭한 경우, 컨셉과 퍼포먼스 모두 떨어지는 경우다.

	Performance	
	GOOD	**BAD**
Concept GOOD	Great 컨셉과 퍼포먼스 모두 좋은 경우	빛 좋은 개살구 컨셉은 좋지만 퍼포먼스가 나쁜 경우
Concept BAD	겸손은 힘들어 컨셉은 나쁘지만 퍼포먼스가 좋은 경우	리뉴얼 혹은 퇴출 컨셉과 퍼포먼스 모두 나쁜 경우

1) 컨셉과 퍼포먼스 모두 좋은 경우 - Great

당연한 말이지만 컨셉과 퍼포먼스 모두 좋은 경우는 Best Case이다. 날카롭고 효과적인 컨셉을 기획하고 이 컨셉을 실질적으로 구현하는 명확한 퍼포먼스가 있다면 마케팅 효과와 효율 모두 좋을 수밖에 없다. 이 경우 적은 비용으로도 큰 효과를 볼 수 있다. 우리가 흔히 접할 수 있는 히트상품, 스테디셀러는 컨셉과 퍼포먼스가 모두 좋은 경우가 많다. 앞서 소개한 마켓컬리, 자이글, 유니클로, 다이소 모두 소비자가 명확하게 인지하고 기억하고 경쟁사와 차별화할 수 있는 날카로운 컨셉이 있다. 또한 눈에 보이고 몸으로 느낄 수 있고 가격표로 확인할 수 있는 강력한 퍼포먼스가 있다.

이런 경우 상품의 인지율과 경험률 확산을 위해 빠르고 공격적인 마케팅을 진행해야 한다. 광범위한 샘플링, 이벤트, 바이럴 등 직간접적인 체험마케팅을 통해 우리 브랜드의 퍼포먼스를 적극적으로 알릴 필요가 있다. 이와 함께 물리적·심리적으로 향후 경쟁에 대비할 필요도 있다. 컨셉과 퍼포먼스를 훌륭히 구현했다면 다음 단계를 준비해야 한다. 물리적으로는 규모의 경제를 구축하여 진입장벽을 설치하고, 심리적으로는 소비자 마음속에 브랜드 이미지를 각인시키려는 노력이 필요하다. 상품이 확산되고 브랜드 자산이 구축되면 필수불가결하게 경쟁자가 진입하게 마련이다. 경쟁자가 생기고 난 이후에 경쟁에 대비하면 늦는 경우가 다반사이기 때문에 브랜드의 확산 단계에서 미리 경쟁에 대비할 필요가 있다.

2) 컨셉은 좋지만 퍼포먼스가 나쁜 경우 - 빛 좋은 개살구

우리는 이런 경우를 흔히 목격한다. '맛있는 집이라는 소문에 가 봤더니 별로더라' '효과 빠른 숙취해소제라고 해서 마셔 봤는데 술 이 깨는 느낌이 별로 없더라' 등 우리는 이러한 실패열전을 매일 보 고 경험하면서 살아가고 있다. 말 그대로 빛 좋은 개살구 같은 상품 과 서비스가 널려 있다. 너무 컨셉과 메시지 마케팅에만 집중한 결과 라고 할 수 있다. 이런 경우 아무리 클릭률과 방문율, 가입률이 높다 고 해도 재방문과 재구매는 잘 일어나지 않는다. 숫자만 보면 나쁘지 않은데 기업 실적은 잘 오르지 않아 답답할 수밖에 없다. 즉, 마케팅 활동이 비효율적인 경우이다.

마케팅활동에 자원을 쏟아 부으면 방문·가입 등 초기단계의 성과 는 얼마든지 올릴 수 있다. 하지만 이러한 기초적 단계의 성과는 기업 실적을 보장해 주지 못한다. 기업 실적은 사실 실제적인 구매에 달려 있다. 아무리 날카로운 컨셉도 그걸 소비자가 느끼지 못하여 재방문 또는 재구매로 이어지지 못한다면 무용지물이다. 따라서 마케팅활동 을 하면서 효율이 너무 떨어지면 퍼포먼스를 점검할 필요가 있다. 컨 셉의 기대를 부응하지 못하는 퍼포먼스이거나 컨셉과 부합하지 않는 퍼포먼스이거나 경쟁사에 비해 떨어지는 퍼포먼스일 것이다.

또한 퍼포먼스가 나쁘다면 퍼포먼스 자체를 먼저 개선해야 한다. RTB와 별개로 별도의 퍼포먼스 팩터Performance Factor를 개발할 필요도 있고, 아무리 개선해도 퍼포먼스가 나지 않는다면 컨셉을 바꿀 필요 도 있다. 빛 좋은 개살구라서 맛이 없어서 안 팔린다면 개살구를 식 용이 아니라 건강식품, 약제, 관상용 등 다른 컨셉으로 팔아볼 필요도 있다.

3) 컨셉은 나쁘지만 퍼포먼스가 좋은 경우 – 겸손은 힘들어

몇 년 전부터 가끔씩 LG전자의 겸손마케팅이 화제가 되고 있다. 훌륭한 스펙을 가지고 있는데 이를 알리지 않아 소비자들이 몰라주고 있다는 내용이다. 하지만 엄밀히 말하자면 스펙과 퍼포먼스는 다르다. 스펙이 훌륭하다고 해서 퍼포먼스가 훌륭할 것이라는 보장은 없다. 그럼에도 불구하고 LG전자 스마트폰의 엉뚱한 홍보방향과 컨셉에 대한 소비자의 안타까움이 '겸손마케팅'이라는 우스갯소리가 섞인 신조어로 대변되고 있다. 회사 내의 훌륭한 인재가 학력과 외향이 평범하다고 해서 승진이 안 된다면 상사와 인사팀의 책임이듯 퍼포먼스가 좋지만 컨셉이 별로 날카롭지 않아서 실적이 저조한 경우라면 결국 마케팅부서의 책임이다. 퍼포먼스가 구현되지 않은 것은 연구·생산·영업 관련 부서 모두의 책임이지만 컨셉이 부실해서 실적이 안 나는 것은 마케팅부서의 책임이기 때문이다. 마케팅에서 겸손은 결코 미덕이 아니다.

그래도 일단 두드러진 퍼포먼스가 있다면 컨셉만 화려하고 퍼포먼스는 없는 경우보다는 희망적이다. 퍼포먼스를 잘 설명해 줄 컨셉을 개발하면 되기 때문이다. 컨셉은 브랜드가 추구하는 가치와 고객의 니즈를 연결시키는 중요한 통로이다. 하지만 소비자들이 컨셉이라는 통로에 들어오지 않으면 있으나 마나한 통로이다. 컨셉을 변경하기 위해서는 일단 우리 브랜드의 퍼포먼스를 누가 인정하고 있는지 먼저 파악해야 한다. 그것이 파악되면 우리 브랜드의 퍼포먼스를 인정하는 소비자집단의 니즈를 찾을 수 있다. 그 이후 니즈를 효과적으로 공략할 수 있는 컨셉으로 변경할 수 있다. 즉, 퍼포먼스 수용집단 분석 – 니즈 파악 – 컨셉 변경의 프로세스가 필요하다.

과거 베이킹소다는 빵과 과자를 굽거나 소다수를 만들 때 쓰던 식재료였다. 그런데 빵과 과자를 집에서 굽는 빈도가 줄어들고 외식과 완성식품산업이 활성화되면서 베이킹소다는 사양길로 접어들었다. 하지만 일부에서 베이킹소다를 식재료가 아닌 냉장고 탈취제, 청소세제 등으로 이용하고 있는 것을 알게 되었다. 베이킹소다의 집진·탈취·제습이라는 퍼포먼스가 특정 소비자집단에는 여전히 효과를 발휘하고 있었던 것이다. 이를 통해 컨셉을 변경해 지금은 베이킹소다가 식재료보다는 효과 좋고 상대적으로 안전한 세탁·청소세제로 활용되고 있다. 기업의 예상과는 전혀 다른 퍼포먼스 수용자들을 분석하고 그들의 니즈에 맞는 적절한 컨셉 변경이 베이킹소다를 지금까지 유용한 상품으로 만드는 원동력이 되었다.

4) 컨셉과 퍼포먼스 모두 나쁜 경우 – 리뉴얼 혹은 퇴출

마케팅에서 실무를 하다 보면 절망적인 상황을 마주하는 경우가 있다. 마케터 자신이 보기에도 컨셉도 애매하고 퍼포먼스도 찾아보기 힘든 상품을 개발하고 마케팅하는 경우다. 물론 이런 경우 대부분은 임원, 대형유통사, 특정단체 등 외부의 압력에 의해 상품을 개발하고 마케팅을 하는 경우가 많다. 이처럼 컨셉과 퍼포먼스 모두 부진한 상품을 담당하고 있는 마케터는 직업의 회의를 느낄 정도로 절망적일 수밖에 없지만 우리는 이런 경우를 부지기수로 볼 수 있다.

컨셉과 퍼포먼스가 모두 나쁘다면 소비자의 니즈가 거의 없는 경우일 수도 있고, 처음부터 브랜드 자체의 차별점이나 경쟁력이 없는 경우일 수 있다. 이처럼 소비자의 컨셉에 대한 인지도·상기도·호감도 등 수용지표가 떨어지고 그 제품의 퍼포먼스를 이용하는 소비자 집단을 찾아보기 힘들다면 처음부터 상품이나 서비스를 리뉴얼하거나 브랜드 자체를 재검토할 필요가 있다.

지금도 마케터들 사이에 전설처럼 회자되는 상품이 있다. 바로 '샘표커피'이다. 샘표는 간장으로 유명한 브랜드로, 간장을 비롯해 장류·조미료·국수·양념·육포까지 판매하는 종합식품기업이다. 70년이 넘은 장수 브랜드이기도 하고 간장시장에서 점유율 50%가 넘는 선도 브랜드이기도 하다. 그런데 1987년 당시 한창 성장 중이던 캔커피 시장을 공략하기 위해 샘표에서 야심차게 내놓은 샘표커피는 '커피에서 간장 맛이 날 것 같다'라는 치명적인 평가를 남기고 짧은 시간에 시장에서 사라졌다. 하지만 정확한 사실관계를 설명하면 일단 상품명은 '샘표커피'가 아니라 '커피타임'이었다. 다만 마케팅과정에서 샘표 브랜드를 전면에 내세우다 보니 이미지가 샘표커피로 굳어져 버렸다. 원래는 시스코라는 업체에서 개발하여 당시 10년 넘게 판매되고 있던 '타임커피'라는 캔 커피를 샘표가 시스코를 인수하면서 '커피타임'으로 리뉴얼해 출시한 것이다.

30년 전의 사례이기 때문에 여러 가지로 잘못 알려진 부분이 많지만 실패한 마케팅 사례로 지금도 많이 회자되고 있다. 이후 샘표는 다른 분야로 확장을 할 때 샘표라는 브랜드를 가급적 부각시키지 않는다. 육포시장 1위인 '질러' 브랜드에도 샘표 로고는 아주 작게 인쇄되어 있고 마케팅활동에서도 샘표를 부각시키지 않는다. 또한 이탈리안 식품 브랜드인 '폰타나'에는 아예 샘표 브랜드를 숨기는 전략을 펼치고 있다. 내부사정은 모르겠지만 '샘표커피'의 실패가 교훈이 되었다고 추측할 수 있다.

캔 커피를 마시는 소비자들이 샘표 브랜드에 대한 호감을 가질 가능성도 적고 호감이 있더라도 그것이 캔 커피를 선택하는 기준이 될수는 없다. 특정한 니즈가 있더라도 그것을 샘표에 기대하고 있다고 생각하기 어렵다. 때문에 컨셉이 날카로워지기가 매우 어려웠을 것이다. 퍼포먼스 역시 다른 캔 커피와 차별점이 없었다. 막연히 10년이 넘게 판매되어 온 상품이라는 점 때문에 '샘표커피'를 런칭했다는 것은 컨셉과 퍼포먼스 모두 안 좋은 사례라고 할 수 있다. 빠른 리뉴얼과 퇴출이 필요했던 상품이었던 것이다.

사실 어느 정도 경력이 쌓인 마케터라면 이렇게 컨셉과 퍼포먼스가 모두 떨어지는 상품은 개발이나 기획단계에서 어느 정도 예측할수 있다. 컨셉단계에서 소비자 구매의향률도 떨어지고, 프로토타입을 사용해 본 소비자의 구매의향률도 떨어지면 시작부터 의구심을 가지고 조심스럽게 접근할 필요가 있다. 대규모 자원 투자는 자제하고 소규모 소비자집단부터 조심스럽게 테스트 마케팅 차원으로 운영해 볼 필요도 있다. 만약 런칭이 되었다면 가급적 빠른 시일 내에 리뉴얼이나 퇴출도 고민해 봐야 한다. 포기할 줄 아는 용기도 필요하기 때문이다.

마케팅 어벤저스가 생각하는 마케터의 자세

질문!
인생을 바꾸는 습관

'질문이 정답보다 중요하다!'

아인슈타인의 이 말에 전적으로 공감한다. 질문은 사람의 인생은 물론이고 인류의 역사를 크게 발전시키는 단초를 제공해 왔다. '왜 저 곡식은 계속 같은 자리에서 나고 자라지?'라는 질문에서 신석기 농업혁명이 시작되었고, '왜 사과는 땅으로 떨어지지?'라는 질문에서 뉴턴의 만유인력이 발견되었다. '진짜 왕족이나 귀족의 혈통은 고귀할까?'라는 질문에서 유럽의 대혁명이 시작되었다. 이처럼 질문은 인간이 먹고사는 문제부터 과학과 철학 등의 발전에도 큰 역할을 했다.

특히 소비자들의 고정관념을 뒤집고 시장의 관행을 뒤엎어야 하는 마케터에게 질문은 매우 중요하다고 생각한다. 사람들이 아무 의문도 없이 당연하다고 인식하고 있거나 너무도 자연스럽게 생각하는 현상에 대해 '왜?' '진짜?'라고 묻는 것이 혁명의 출발이라고 생각한다. 소비자에게 충격을 줄 수 있는 성공적인 제품을 개발하려면 고정관념과 관행을 깰 수 있어야 하기 때문이다.

'왜 술을 마시면 다음날 숙취로 고생을 하지?' '갓 지은 밥이 진짜 맛있는 건가?' '왜 사람들이 휴지로만 뒤처리를 하는 거지?'와 같은 질문들은 우리가 보아왔던 메가히트 상품의 단초를 제공했던 질문들이다.

일상생활에서도 마케터는 항상 '왜?'와 '진짜?'라는 질문에 습관을 들여야 한다. '매일 고함지르고 윽박지르는 상사는 대체 왜 그러는 걸까?' 하는 일상질문부터 '진짜 페이스북과 유튜브가 앞으로도 대세일까? 아니라면 언제 어떻게 사라질까? 그럼 어떤 채널이 대세가 될까?' 하는 심각한 질문까지…. 꾸준한 질문이 나를 성장시킬 것이다. 지금 나에게는 큰 질문들이 있다. '왜 고양이 사료는 국산 사료가 드물지?' '고양이는 진짜 물 마시는 것을 싫어하는 걸까?' '왜 고양이는 츄르에 정신을 못 차릴까?' 하는 질문들이 사업의 성장을 가져다 줄 것이라고 믿는다.

우리들은 각자의 능력치에 엄청난 차이가 있다고 생각하지 않는다 (물론 특출한 능력을 지는 천재가 있을 수는 있다). 따라서 평범한 마케터라도 질문을 습관화하고 질문에 답을 내리려는 노력을 한다면 언젠가는 사람들이 말하는 '능력 있는 마케터'가 될 것이라고 확신한다.

신상훈 (토토르)
반려동물 전문용품 판매회사 〈미남고양이〉 대표

나만의 관점으로
사고하라

마케터에게 반드시 필요한 역량 중 하나가 바로 '통합적인 사고'이다. 통합적인 사고는 크게 세 가지로 나눠 볼 수 있다. 첫째 고객 관점에서 생각하는 '시나리오 기반의 사고', 둘째 함께 일하는 다양한 사람들의 입장을 고려하는 '360도 사고', 그리고 마지막은 내 업무를 통합적으로 이해하는 '드론식 사고'이다.

먼저 시나리오 기반의 사고란 내가 만든 상품과 서비스를 고객이 구매하고 이용하는 관점에서 생각해 보는 것이다. '고객은 과연 언제, 왜 내가 만든 상품과 서비스를 이용할까?' '상품과 서비스를 어떤 방식으로 어디서 누구와 사용할까?' 이렇게 고객의 입장에서 하루 일과를 고민해 보며 상품과 서비스를 만들어 내야 한다.

두 번째 360도 사고란 회사 안팎의 다양한 이해관계자들의 입장을 모두 이해하는 것이다. 통상 마케터는 새로운 상품과 서비스를 만들어 내고 이를 외부에 알리기 위해 다양한 부서와 협업하게 된다. 디자인팀, 홍보팀, 개발팀, 영업팀, 회계팀, 재무팀, 법무팀 등 각기 다른 목표를 가진 부서와 함께 일해야 하는 것이다. 기업 외부에도 다양한 파트너가 존재한다. 가깝게는 광고대행사, 디자인대행사, 제조 공장이 있을 것이고, 멀게는 규제와 관련된 정부, 협회, 경쟁사 등이 있을 수 있다. 이처럼 기업 내·외부 다양한 이해관계자들의 모든 목표와 니즈를 파악하고 가장 최적의 대안을 찾아내야 한다.

마지막은 드론식 사고다. 내 일에 파묻혀 있을 때는 지금 하고 있는 일의 배경이나 그 이후에 이어질 절차 또는 결과를 생각하기 어렵다. 이처럼 일의 전반적인 프로세스를 이해하지 못하고 지금 순간에 매몰되어 있다면 이때 필요한 게 드론식 사고다. 드론을 하늘 높이 날리면 지금 내가 보는 시야에서 벗어나 전체적인 구조와 모양새가 한 눈에 들어온다. 나의 시각을 마치 드론을 띄우듯이 내 업무의 위로 띄워 보는 것이다. 그러면 평소에 보이지 않던 더 큰 구조가 보이게 된다. 이 일의 시작이 어디인지, 왜 시작하게 되었는지, 그리고 다음에 이어질 업무는 무엇인지, 전체적으로 빠진 일은 없는지… 이렇게 자신의 시각을 높은 곳으로 이동하여 전체를 조망하기도 하고, 다시 내 머리 위로 시각을 낮춰 일을 디테일하게 볼 수 있어야 한다. 즉, 드론식 사고를 통해 시각의 높이를 자유자재로 움직일 수 있는 능력을 갖추는 것이 필요하다.

세 가지 사고에 기반한 통합적인 사고력을 갖추는 것, 이것이 좋은 마케터로 다가가는 길이다.

강혁진 (아니언맨)
마케팅교육 전문기업 〈워크베터컴퍼니〉 대표

당신의 순간에
최선을!

마케터가 가져야 할 자세는 '순간에 최선을 다하는 것'이다. 마케팅이라는 업에 종사하게 되면 공통적으로 느끼는 생각 중 하나가 '내가 이런 일이나 하려고 그 힘든 취업(이직)을 한 건가?'일 것이다. TV나 미디어에서 접한 근사한 마케터를 꿈꿨으나 막상 일을 해보니 생각했던 것보다 규모가 작거나 잡일로 보이는 일을 맡아서 하게 되는 경우가 많다.

규모가 큰 기업에 재직하는 사람일수록 하는 일이 작게 분화되어 있기 때문에 명함만 마케터이고, 하는 일은 잡일이다. 실제 마케팅이라는 이름으로 별의별 지시가 내려오는 경우도 허다하다. '취업박람회에 채용부스를 준비해야 하는데 마케팅 관점에서 진행해 주세요' '사무실 인테리어를 새로 해야 되는데 마케팅 관점으로 진행해 주세요' 등 귀에 걸면 귀걸이, 코에 걸면 코걸이 식으로 마케팅이란 단어는 마법의 용어로 사내에 전파된다. 또 마케팅 조직의 영향력이 약한 조직일수록(특히 B2B 산업에 속한 기업일수록 마케팅팀의 영향력이 약할 가능성이 높다) 마케팅과 상관없어 보이는 작은 일과 잡일을 해야 하는 경우가 많다. 마케팅활동을 통해 회사의 직접적인 매출에 도움이 되었는지도 명확하게 증명하기 어렵다. 그러다 보니 마케팅 본연의 업무 외에도 직접적인 매출과 관련된 조직 내부의 다양한 요구를 강요받게 된다.

이를 헤쳐 나갈 수 있는 유일한 방법은 목표를 세우고 순간에 최선을 다하는 것이다. 장기적인 브랜딩을 위한 선행지표로 브랜드 인지도를 최대로 올리겠다는 최우선 목표를 설정했다면 먼저 이를 내·외부적인 일로 구분해 볼 수 있을 것이다. 외부적인 측면에서 매스커뮤니케이션을 통해 대중적인 인지도 증대를 꿈꾼다면 먼저 일할 수 있는 분위기를 조성하는 것이다. 취업박람회 참석이나 사내 인테리어 변화가 작지만 이에 해당할 수 있다. 내부적으로는 그런 일들을 하나하나 성공적인 결과로 만들어 내며 일을 하는 과정에서 설득해야 하는 사내의 이해관계자(구매팀이나 기획팀 등)에게 믿을 수 있는 사람으로 이미지를 쌓는 것이다. '저 친구가 하는 일이라면 믿을 수 있어'라는 이미지를 심어주는 과정에서 마케터로서의 인지도를 높여보자.

포인트는 매일매일 내가 하고 싶은 마케팅활동에 대해 고민할 필요가 있다는 것이다. 생각 없이 일하면 일하는 대로 생각한다는 말이 있는 것처럼 생각을 가지고 일하면 생각대로 될 것이다.

김대선 (캡틴아머라카노)

B2B 기업 브랜드마케팅 담당

다름을 위한
나음

감동을 주는 마케터가 되기 위해서는 끊임없이 더 나음^{better}을 추구하는 자세가 필요하다. 고객에게 전달되는 홍보 문구의 사소한 기호 하나, 상품이 아닌 포장지의 재질과 리본까지 '나음'을 추구해야 하는 이유는 결국 이 작은 '나음'들이 모여 '다름'이 될 수 있기 때문이다. 고객은 '나음' 하나하나를 경험하면서 다른 브랜드와의 다름(차별성)을 서서히 인식하고 브랜드 옹호자가 된다.

많은 기업들이 간과하고 있는 사소한 영역(디테일)에는 고객을 감동시킬 수 있는 절호의 기회가 숨어 있다. 사소한 영역에는 고객들의 기대수준이 매우 낮기 때문이다. 고객만족이라는 것은 사실 주관적인 기준이며 기대수준과 관련되어 있는데, 기대수준이 높은 고객은 동일한 제품에 대해 다른 고객에 비해 만족도가 낮고, 반대로 기대수준이 낮은 고객이라면 동일한 제품에 만족도가 높을 수 있다.

예를 들어 콘서트의 경우 핵심(본질)은 공연이다. 뮤지션이 누군지, 몇 곡을 부르는지, 앵콜을 하는지 등 기대수준이 매우 높은 영역이다. 공연 기획회사는 이 본질에 집중적으로 노력을 기울이기 때문에 고객은 높은 기대수준이 있고, 그렇다 보니 웬만한 공연이 아니고서는 고객을 감동시키기 매우 어렵다. 반대로 콘서트 장에서의 위생과 편의시설 등은 부가적인 사소한 영역이다 보니 기대수준이 낮은 편이다. 그래서 대부분의 기업들이 사소한 것으로 치부해 시간과 비용, 창의력을 투입하지 않는다. 하지만 이 사소한 영역에 차별화의 기회가 숨어 있다.

농구 골대 모양의 큰 쓰레기통을 제작해 고객에게 공을 던지는 것과 같은 즐거움을 주면서 바닥에 쓰레기가 버려지는 것을 방지할 수 있다. 재떨이 모양으로 설문조사 박스(메시 vs 호날두, 나훈아 vs 남진)를 제작해 지정된 구역에서의 흡연을 유도하고 조사 결과를 보는 재미도 줄 수 있다. 이러한 농구 골대 쓰레기통과 재떨이는 고객들에게 전혀 색다른 감동을 전해 줄 수 있다.

하루아침에 천지개벽 수준의 완벽한 차별적인 마케팅이 나올 수는 없다. 사소한 것에서부터 끊임없는 '나음'에 대한 결과물이 모이고 모여야 결국 고객의 인식 속에서 '다름'으로 이어지기 마련이다. 명품을 구성하는 것은 장인의 바늘 한 땀 한 땀인 것처럼 말이다.

서정우 (크크)
카드 회사 마케팅 담당

마케터가 꼭 알아야 할 5가지 차별화 전략
마케팅 차별화의 법칙

초판 1쇄 발행 2019년 2월 20일
초판 5쇄 발행 2022년 1월 20일

지은이 **신상훈, 강혁진, 김대선, 서정우**
펴낸이 **백광옥**
펴낸곳 **천그루숲**
등 록 2016년 8월 24일 제25100-2016-000049호

주 소 (06990) 서울시 동작구 동작대로29길 119
전 화 0507-1418-0784 팩스 050-4022-0784 카카오톡 @천그루숲
이메일 ilove784@gmail.com

인쇄 예림인쇄 제책 예림바인딩

ISBN 979-11-88348-34-3 (13320) 종이책
ISBN 979-11-88348-35-0 (15320) 전자책

이 도서의 국립중앙도서관 출판예정도서목록(CIP)은 서지정보유통지원시스템 홈페이지(http://seoji.nl.go.kr)와
국가자료공동목록시스템(http://www.nl.go.kr/kolisnet)에서 이용하실 수 있습니다.
(CIP제어번호 : CIP2019002582)